非注定單身

853公尺尋覓法則
種荷爾蒙補充法
8週半的戀愛療程，
幫你解開所有愛情關係中的疑難雜症！

工作太忙沒空交朋友談戀愛？妳只是太懶！
身邊朋友每個都在結婚生小孩壓力山大？不准裝死也不准將就！
逢年過節受不了長輩親戚催婚大考驗？不是只能笑著打哈哈！

鄭怡妃，吳雅楠——編著

戀愛相處小祕訣 × 危險關係分析 × 約會最佳攻略
不管妳是女強人還是小鳥依人，都要當幸福的女人！

目 錄

目錄 ————————————

第六週
行動週 —— 把約會進行到底

第七週
波瀾週 —— 當工作 PK 浪漫

目錄

導言

怎麼就剩女了？

當溫馨的家庭電話逐漸讓你恐懼，因為爸爸媽媽總是在問：「什麼時候結婚？」

當母親興沖沖地對你說：「因為知道你生活忙碌，爸爸替你去相親了。」

當電子信箱又一次收到了老友的結婚請柬，才發現身邊單身的閨蜜又少了。

當普吉島的浪漫雙人遊再一次延期到明年，而年假又是一個人的旅行。

當逢年過節時，單身的你成了三姑六婆們聊天的固定話題。

……

怎麼就剩女了？

※

曾經，柏拉圖問蘇格拉底：「什麼才是真正的愛情？」

蘇格拉底沒有直接回答他，而是說：「你去麥田裡，找一根最大最好的麥穗摘回來，但是你要記住，你只有一次機會。」

柏拉圖雖然不明白為什麼，但卻覺得這是一件很容易的事情，麥田裡到處是麥穗，隨便找找，就能完成任務。可是，他在麥田裡轉了一上午，也沒能找到合適的，最後只好兩手空空的回來了。

「沒有麥穗嗎？」蘇格拉底問。

「不，有很多。有的看起來不錯，但是我不知道後面還會不會遇到更好的，所以就繼續尋找。我想，只有這一次機會，所以不能浪費了，一定

導言 ─────────────────────

要等到最好的一個。可是，等我走到盡頭，卻發現後面見到的麥穗還不如開始的那些好。所以，我寧可空手回來，也不願意再去採摘並不符合自己心意的麥穗。」

聽完柏拉圖的話，蘇格拉底笑著說：「這就是愛情。」

沒錯，這就是愛情，雖然麥田裡有很多麥穗，可是柏拉圖兩手空空，他想要珍惜唯一的機會，卻越發找不到最合適的那一個。

遺憾的是，女人對待愛情，就如同柏拉圖對待麥田。

※

是的，我們剩下了。同學的兒子滿地爬，同事的手上亮戒閃閃，母親的奪命連環 call，越來越不敢過生日……此時，已經沒有人記得我們讀了多少書，在職場上打拚了多少年，賺了多少錢，大家只是笑呵呵地給了我們一個稱呼：敗犬女，然後悠哉地說，剩下的女人不如犬……我們真的找不到好男人嗎？優質男都被挑走了嗎？

請相信吧！男人和女人一樣，都有暫時不結婚的理由，求真愛、拚事業、遇錯人……他們的理由，和你的一樣正當，所以想要找到一個好男人，先要徹底轉變觀念。第一，你不是沒人要的喪家犬。第二，好男人永遠存在，他就在你的三步之內。第三，只要你有足夠的決心和行動，找到合適的他絕對不是問題。

或許，你還在糾結於自己的時間有多緊湊，還有多少重要的工作，遠比找一個男人、參加一場相親更重要，但八週半，只需要八週半的時間，幫你找出自己的癥結，對症下藥，「洗心革面」，從單人房，向雙人床順利邁進。

在這八週半的時間裡，首先要顛覆自己的傳統觀念，不管你現在 25 歲還是 35 歲，你都有權利尋找更好的男人，雖然在你的身上可能存在著

各式各樣的缺點，讓你不得不暫時待在剩女的行列裡。但是相信我，只要你下定決心，打敗缺點，刷新外表，向「潛伏」在你身邊的好男人，全面出擊。

　　八週半的時間裡，不固執，不焦躁，不盲從，讓你從容不迫，智慧凜然地解除披掛在自己身上的「剩女」封套。

導言 ————————————————————

第一週

洗腦週 —— 顛覆觀念，誰說敗犬配「剩」男？

第一週　洗腦週—顛覆觀念，誰說敗犬配「剩」男？

現在，青春和白馬王子結伴而去，只留下了一個「剩女」的稱謂掛在你的頭上。把時間放在了事業上，無暇戀愛？好男人還沒出現，沒人配得上自己？還是你自以為對男人完全不來電？生活圈太窄，沒機會接觸好男人？

這些都不是理由。

你要清楚地知道，你就像超市裡剩下的水果，那些光鮮亮麗的被早早挑走，剩下的過了保存期限，只有降價賤賣和腐爛處理的結局。

趁我們還沒有剩到這個程度，趕緊為自己打算吧！忙碌不是理由，工作不是藉口。只要你邁出第一步，總有好男人會在不遠處等你。趁現在，趕緊戀愛吧！

剩女不問出處

每次當母親皺著眉頭替自己嘆氣，親朋好友語重心長地關心時，心裡是不是都有一種難以名狀的糾結。可是不管你是已經歷經滄海，或是從來沒有找到自己心儀的對象，相信沒有人願意孤孤單單一輩子。

心理學家針對剩女做過相關的調查，發現在 2,000 人中，曾經被人追求過，可是自己覺得對方不稱心的占 76%；自己看上了對方，而對方卻看不上自己的，占 8%；覺得對方不錯但由於還有其他對象可供選擇而看走眼的占 14%；其他占 2%。

大部分女人拒絕了最初的愛情，總以為會遇到更好的，可是等到了年紀漸大才猛然發現，歲月已經將她們推進了「剩女」的行列，讓她們逐漸喪失了愛情的主動權。結果，當同齡女人大都已經成為媽媽的時候，她們依然徘徊在愛情的門外。

在人們的印象裡，剩女不是怨女，就是衰女，甚至有人會按照字面意思將剩女理解為「剩下來的女人」。其實，這是一種誤解。剩女並非淘汰下來的次品，而是擁有高學歷、高收入、高智商，長相也無可挑剔的一群人，唯一的問題就是年齡稍微大了一點。

對號入座，看看你是哪一類

到底怎麼就被剩下來了呢？這個剩女們不停追問自己的問題，今天我們來給出答案，看看你屬於哪一種剩女？

小資型剩女 ── 時髦女孩總願意把自己歸類為小資女。其實小資女不僅僅是喝杯星巴克，看場歌劇，穿條長裙，身為小資女還要承受孤獨。因為小資女大多對愛情執著，眼裡容不得沙子，她們凡事追求完美尤其是對愛情。可惜完美的愛情大多可遇而不可求，所以小資女的愛情總是很難修成正果，不得不走入剩女的行列。同時小資女還具備了男人的另一大天敵 ── 才華。小資女人不管學歷高低，大多喜愛藝術文學，而這些浪漫主義不但不能當飯吃，還常常會引起男人的反感，而才華橫溢的小資女人更不會輕易把胸無點墨的男人放在眼裡，寧可高傲地剩下，也絕不與世間。

女王型剩女 ── 或許，女王並不一定就是高舉旗幟大呼女權至上的那個人，但是她的高學歷、高薪水、高職位，表現出來的強勢力量足以讓男人望而卻步。我們通常所謂的女強人，從古至今，單身女性居多。歸根結底只有兩種的原因：1. 她們足夠強勢，男人能做的一切，她們都能輕而易舉地實現，根本無須依靠男人，自然也不需要婚姻來套牢自己。2. 女王常常會把事業上的高高在上帶回到生活裡，即使在兩人世界中也要做絕對的主導，而男人大多承受不了如此強勢的女性，即便是忍讓一時，也無異於埋下了一顆定時炸彈，早晚要爆炸。

第一週　洗腦週—顛覆觀念，誰說敗犬配「剩」男？

　　天真型剩女——天真，是一個美好的說法，可是說白了，就是傻。她們總是抱有和自己實際年齡不相符合的幻想，覺得愛情就是王子遇上公主，不管自己是 18 歲還是 28 歲。同時，這一類剩女又大多心理脆弱，在思想和行為上希望得到男人的關護疼愛，行為上則是小鳥依人，很容易對男人產生依賴投入感情，一朝被拋棄，就會在精神上承受重大打擊，從此一蹶不振，甚至不再相信男人。這類剩女可能不缺乏男人緣，但是卻很難最終走進婚姻的殿堂。

　　自怨自艾型——這一類型的剩女，可能是所有敗犬女郎們都不願意歸屬的一個類型，可事實上，這個類型的剩女不在少數，她們不過是平凡女性中的平凡之輩，無傾國之貌，無傾城之才，卻抱定一顆非人中龍不嫁的心，即使屢屢受挫，也不反省自身，反而每天自怨自艾。其實，每個女人都想嫁王子，這並不是一件可恥的事情，可是畢竟童話是有年限的，當你已經開始邁入了剩女的行列，奉勸各位自怨自艾的姐妹們還是要面對現實，根據自己的實際條件，尋找一個如意郎君，這個世界上除了王子，真的還有很多好男人在等著你。

　　美女型剩女——絕色紅顏，是所有男人的夢中情人。是的，「情人」。男人夢想能夠結識這樣的女人一親芳澤，但是娶回家，還是算了吧！紅顏多禍水，至少很難給人安全感，男人也會在驚艷面前望之卻步。另一方面，絕色美人對於婚姻的期待值通常都比較高，很難看中普通男人。如果這樣的美貌剩女運氣不好，總是碰不到有財有貌無老婆的帥哥，婚姻大事就只能一拖再拖了。

誰說剩下的女人不如犬？

不是所有剩女都是敗犬

2009 年，偶像劇《敗犬女王》大熱螢屏，剩女似乎又有了一個新的代名詞 ──「敗犬女」。敗犬雖然聽起來不那麼體面，但是，卻不是所有的剩女都可以被稱為敗犬。

剩女是一個更為廣泛的意思，有主動與被動。而敗犬雖然是剩女的一分子，卻是其中的菁英。

「敗犬女」就是指那些既美麗又有能力的女人，只要過了 30 歲還是單身而且沒有子嗣，就是一隻敗犬。很顯然，我們現在對「敗犬女」的解讀僅僅是用了後半段，而敗犬女的精髓卻恰恰在其前半段：美麗而又有能力。

女人總是要面對事業和婚姻的抉擇，「敗犬女」的內心也藏著一團火焰，只是她們既不願意像那些小女人一樣，因為愛情而放棄甚至損害到自己的事業，也不甘心被人嘲笑為男人婆、工作狂，沒有人要的敗犬。魚和熊掌，永遠是難以平衡的方程式。

工作比男人更可靠？

曾經，婚姻是女性唯一的出路。如今工作對女人的重要性，已經超過了歷史上任何一個時期。女人也不用再透過嫁人來實現自己下半生的安全感了，反而女人所需要的成就感、存在感、挑戰性和征服的快感，以及所有在愛情和婚姻中可能獲得的滿足感，當然除了性，都可以在工作中找到。

第一週　洗腦週—顛覆觀念，誰說敗犬配「剩」男？

我曾經接待過一個傾訴者藍心，她 34 歲，一度懷疑自己是不是患上了某種心理疾病，對於異性完全提不起興趣，直到朋友們打趣她是不是拉拉時，她才意識到，同學、同事們幾乎都已經結婚生子，至少也已經有了男朋友，只有她是孤家寡人一個。

其實藍心曾經談過三次戀愛，可是都無疾而終。這一點讓她確信，她的性取向絕對沒有問題。可是問題出在哪呢？聽了她的故事，我知道問題就出在她的工作上。

藍心是個很倔強的女孩子，從小學習成績就非常優秀，而且能力也很強。大二的時候，她認識了自己的第一任男朋友。這個男孩是她的校友，直到畢業，兩個人的關係都非常親密，甚至雙方父母也見過面，大家都猜測他們很可能一畢業就結婚。可是藍心卻在大四畢業前和男朋友分手了，分手的原因她一直深埋在心裡。原來她畢業前去面試，有一個各方面條件都不錯的外商公司對她感興趣，她也很想得到這份工作。可是就在面試結束時，面試官又問了一個問題：你有沒有男朋友？藍心納悶自己有沒有男朋友跟工作有什麼關係？面試官解釋說，剛畢業的大學生本身很有熱忱，可是一旦交了男朋友，肯定會分散心力影響工作，而其如果有了固定的男朋友，很快就要面臨結婚，而女人一旦結了婚，生活重心很容易就會向家庭偏離，所以公司不想把好不容易培養的人才，就這樣浪費掉了。換句話說，公司不想培養一個職業生涯短暫的家庭主婦。

聽了面試官的解釋，藍心竟然打從心底認同，她覺得如果現在就和男朋友結婚，自己的事業發展肯定會受到限制，即便自己一意孤行，把精力都放在事業上，那麼家庭關係肯定也會出現問題，與其以後吵架，倒不如趁早分手。

果然藍心的付出很快得到了回報，沒有男朋友、在這座城市裡沒有家

人、很少的朋友，這些都讓藍心把更多的精力投入到了事業上，很快也讓藍心得到了主管的認可，被提升為部門的主管。此後藍心憑藉著工作上的熱忱，迅速升遷，在職場上占據了一席之地，事業上的成就讓藍心表面上淡忘了孤獨。

雖然藍心相貌可人，但畢竟歲月不饒人，眼角已經偷偷爬上了皺紋，身邊卻還沒有一個伴。

我問藍心，你著急嗎？藍心害羞地笑了。我知道，她也在心底渴望一個伴。可是如果讓你稍微放棄一點自己的事業，來換取一個好男人，你願意嗎？不。藍心態度很堅決。

藍心是典型的強勢剩女，她可以為了陪客戶吃飯，推掉男朋友的生日派對；可以因為臨時開會，讓已經約好看電影的男朋友等一個晚上，也不打一通電話；她可以把整個部門管理得井井有條，卻不肯在家事上浪費一分鐘時間。其實藍心不願意為了家庭和丈夫犧牲一點點事業，這世上又真有幾個男人願意娶這樣的老婆大人回家呢？

貼心話：

藍心絕對不是這個世界上唯一一個因為工作而被剩下的女人，她們沒任何的心理疾病，也沒有特殊的性別取向，只是她們更加的冷靜、果斷。她們知道自己想要的是什麼樣的生活，她們清楚地知道，工作永遠不會劈腿、不會背叛，只要你肯付出，就會有回報，所以敗犬女們驚喜地發現，工作比男人更可靠，所以很多敗犬女寧可把更多的「黃金年齡」用在工作上，甚至恨不得嫁給工作。但是她們卻是自私的、冷漠的，因為她們遇到的男人未必是一開始就心猿意馬者，只不過將心比心，或許是她們在全身心投入工作的時候，已經忽略了太多男人的感受，才會讓自己麻木沒有察覺男人的情感變化。強勢的剩女們，雖然有一千個理由覺得工作比男人更

第一週　洗腦週──顛覆觀念，誰說敗犬配「剩」男？

值得信賴，可是當華燈初上，看著別人都匆匆趕回溫馨的小家時，心裡才會泛起一絲漣漪，自己也需要一個歸宿了。

敗犬難過父母關

我有一個相交多年的閨蜜雲曉，從大學畢業就一直在台北闖蕩，工作了將近十年，月薪從三萬一路飆升至五萬，但是始終困擾她的一個問題就是 —— 回家。

剛到台北的時候，薪水少得可憐，最怕回家 —— 人窮志短。每次回家往返不只車資，還總要替三姑六婆帶禮物，回家一趟，幾個月的薪水就花完了。終於，經過一番寒徹骨才揚眉吐氣，但還是害怕回家 —— 形單影隻。事業一飛衝天之後，才猛然發現，只有一隻翅膀。

現在雲曉在外面混得不錯，每次回到家裡，都是親戚朋友們聚會的焦點，尤其是父母上了年紀，每次雲曉回家，總是要帶著雲曉去串門子。親戚間互相走動本來是增進彼此感情的好事，但讓雲曉尷尬的是，親朋好友總免不了問的問題不是雲曉現在的工作狀況，月薪多少，而是有沒有男朋友？幾時結婚？為什麼還不找男朋友？雲曉搪塞著轉移話題，終於對方恍然大悟：「喲，你是剩女啊！」

父母尷尬得滿臉通紅，雲曉鼓足勇氣，不服氣地擠出幾個字 —— 不是剩女，我是「敗犬女王」。

貼心話：

這樣的身心俱疲，怎能不讓雲曉得「恐歸病」呢。

這不僅是雲曉的困惑，她不過是眾多的敗犬中的一個。她們在職場在風光無限，可是只要一回到家中，似乎又像沒有寫完作業的孩子一樣，懼怕父母那嚴厲的眼神。彷彿她們遠離婚姻就是家庭的異類，而事實上，她

們的特立獨行，也的確成為了親朋中的另類，總免不了成為他們茶餘飯後的話題。

敗犬女們可能並未意識到，她們現在的這種尷尬和緊張，在她們第一次聽父母說：好好學習，不要被其他的事情影響學業時，就已經注定了。

就像雲曉，從小就是個成績優異的乖乖女。望女成鳳的父母，害怕女兒談了戀愛耽誤學業，從她上小學開始就不讓她和男生一起玩，上中學後更是嚴防死守，到了大學還把「畢業前不准談戀愛」的話經常掛在嘴邊。

一眨眼，女兒成為收入豐厚、有車有房的菁英一族，但感情的事卻還沒個著落。再一看，女兒的小學同學，最高學歷也只有四技二專，但卻早早結了婚，現在悠閒地牽著孩子滿街走。父母這才頓悟自己的女兒落後了，原來人生要交出的成績單不僅僅是學業和事業的成就，愛情和家庭的美滿也在其中。於是又開始著急地四處託人幫女兒物色如意郎君。

殊不知，敗犬女們在職場上拚殺，早已經把無數好男人踩在腳下，又怎會輕易為那位「相親先生」而動心？看著早早步入家庭婦女行列的同齡女性，她們嘴上說羨慕，心裡其實不以為然。除非找到理想中的對象，否則我一個人更好。

在各種媒體上，我們已經耳聞目睹了太多剩男剩女的故事，似乎有這樣一個有趣的態度轉變：對於都市裡的剩男剩女，輿論對他們的態度，從認為是一種社會問題，轉為現今的欣賞和羨慕。

理由是假如你一直保持單身狀態，至少說明幾件事：一、你足夠獨立，無論是經濟還是精神，不需要仰仗任何人；二、你特立獨行，有個性；三、你對個人魅力有信心，並且不怕寂寞。據說，現在最時尚的生活方式就是將單身的精神貫徹到底。某報紙還非常煽情地說：即使身體不單身，精神也要單身。只不過，單身是件很不環保的事情啊！吃、喝、住、

用，都有點浪費，所以為了順應和諧社會，節能減排，還是快快結束這種單身生活的好。

敗犬更要勝犬

　　Lisa 是一家連鎖百貨的行銷經理，31 歲，漂亮優秀，高中時就是校花，大學時，同學們都開玩笑說 Lisa 一定是最早嫁出去的那個，可是同學們都嫁得差不多了，她卻還是孤家寡人。某日同學聚會，Lisa 剛走進飯店就和那個高中沒畢業的女同學敏之撞了個滿懷，Lisa 幾乎認不出她來，敏之早已經從自卑的醜小鴨華麗化身為美麗的白天鵝，全身名牌，敏之拉著 Lisa 開始炫耀，自己現在開著 BMW，主要任務就是吃喝打扮，接送兒子以及陪同老公出席各種需要太太陪同的場合。當然，她所有的一切，都是因為早早嫁給了一位多金的老公。

　　末了，敏之用心疼加心酸的口吻跟 Lisa 說：我真羨慕你啊！有自己的事業，我每次想要工作，我老公都不答應，說頂多為我開間工作室，讓我解悶。真羨慕你啊！

　　敗犬女 Lisa，徹底被這些勝犬打敗了。

　　到底「敗犬」和「勝犬」哪個更好命？這個命題似乎過於膚淺。所謂勝犬只不過是那些嫁個好老公，有美滿生活的女人，而敗犬就是指那些有「三高」（高學歷，高收入，高年齡）的女人。怎麼說敗犬女也是透過自身努力，獲得了社會地位，但是卻不抵勝犬女一個媚眼得到的更多。這並不是男人過於「低要求」，勝犬女身上也有她們的優點。

　　以往敗犬們總是以一種很高的姿態俯視勝犬女，她們見證過勝犬女的蛻變，曾經她們是因為沒有完成作業而被罰站的那個人，是因為考試成績差而被父母教訓的那個人，是在自己忙於升學考試時卻因為早戀輟學的那

個人，可是一轉眼……正是因為敗犬與勝犬曾經都在同樣的起跑線上，所以勝犬之路，對於敗犬來說，也是一條最簡單的「解套」之路。

　　讓我們把鏡頭退回去，Lisa 還在和敏之談話。聰明的 Lisa 沒有因為敏之的炫耀和帶著嘲笑的口吻而生氣，而是開玩笑地詢問，你是怎麼找到這麼好的男人的啊！老同學一場，透露一下吧？敏之自然更加樂於傳授了。一邊拉著 Lisa 的手，一邊大談自己的戀愛經：

　　男人啊！始終還是喜歡溫柔體貼的女人，什麼學歷能力啊！放一邊吧！我高中輟學之後，就一直在研究如何俘獲一個好男人（說到這裡，敏之忍不住又露出一絲得意的笑容）。你知道我老公最喜歡我什麼嗎？因為我燒得一手好菜，「要抓住男人的心首先要抓住男人的胃」，你別以為這是男人騙女人下廚房的藉口，男人貪吃，和他們喜歡美女一樣是本能。我老公第一次吃了我做的飯就開始不停地找藉口讓我為他做飯。還有一件事，你知道嗎？永遠不要讓你的男人看到你卸了妝的樣子，寧可自己晚睡早起，也要保持漂漂亮亮的，不要讓男人倒胃口……敏之真是傾囊而授，真希望 Lisa 得到敏之的真傳，能夠快快脫離「剩女」的行列。

　　貼心話：

　　如果你已經邁入了敗犬的行列，那麼你總能像 Lisa 一樣找到一兩個勝犬吧！大可以效仿她們，向她們取經，或者選擇閱讀勝犬派的雜誌（詢問你那些勝犬同學平常都愛看什麼），這類雜誌往往能教導女人們不要思考或者怎樣回答一些無關緊要的問候，灌輸堅信只要得到「先生、孩子、金錢、外貌」就等於得到幸福的觀念；也可以透過化妝打扮、言行修養，向她們靠攏；當然重要的是，你也要消除自己身上的那些被男人認為是銳器的缺點。

第一週　洗腦週—顛覆觀念，誰說敗犬配「剩」男？

被剩下的各有各的優勢

　　敗犬女都有兩張臉。一張臉是橫掃千軍般的霸氣女王，一張臉是柔情萬種的小女人。遺憾的是，大部分男人只會看到敗犬女的獨立堅強的一面，卻忘記了她們也有雌性荷爾蒙噴發時的溫柔。

　　身為敗犬女，既要保持自己的尊嚴，也不要忘記了，亮出自己的招牌，把自己的女性優勢發揮出來。而有品味懂得欣賞的男士們也該注意一下，面具之下，敗犬女真的還有很多的優點。

她內心柔軟善良，甚至很天真

　　男人們可能能夠點出剩女們的諸多缺點 —— 太強悍、太孤僻、太自我、太愛工作，但是在她們堅強的外表下面，其實大多隱藏著一顆害羞和善良的小女孩般的心。尤其對於愛情，仍然堅信不疑。她們相信愛情，忠於愛情，一旦投入，就會完全付出，不會半途而廢。

★ **優勢複製**：還記得自己童年時的那些嗜好嗎？親近小動物，熱愛手工藝，充滿幻想，只要你保持這些純真，無論你是熟女、剩女，都可以一輩子做女孩。

她個性獨立，絕對不會拜金

　　不是女人太拜金，實在是這個世界已經充滿了太多的欲望，每個人都有追求更好的生活的權利，美麗的女人更是如此。男人們也想要追求優秀的女人，這個道理是一樣的。可是苦於囊中羞澀，那麼敗犬女就擁有絕對的優勢了。她們經濟獨立，可以靠自己的力量取得某種程度的收入，不會輕易開口要求幫忙，她們在兩性之間追求的是絕對單純的愛情，而不會摻雜進各種交易。

★ **優勢複製**：人人都有追求美好生活和金錢的權利，但是它們只能成為真摯情感的附加品，如果你喧賓奪主，分不清楚先後順序，自然也就會偏離情感的軌道。獨立的女人永遠是最美麗的。

她衣著得體，相貌過人

敗犬女相貌過人，衣著也相當得體。她們不會一味追求潮流，把自己打扮成一個超級花瓶，也不會永遠穿著黑白灰嚴肅的職業套裝。因為不同職業的敗犬，會選擇不同風格的裝扮，但是絕對不會寒酸邋遢，為追求個人風格她們也會斥資不菲。因為她們是職場上的「女王」，所以大都練就一身完美的裝扮功夫。與這樣的女人戀愛，在任何場合，她都會為你贏得面子。

★ **優勢複製**：在你等待好男人出現的空檔，不如整理一下自己的衣櫥，把那些已經成為你負擔的衣服通通丟掉，從頭開始，設定自己的衣著目標就像設定你的異性目標一樣，很有可能你兩者兼得哦。

她興趣高雅，文藝十足

敗犬女都受過良好的教育，對於興趣嗜好也都有良好的品味，她們熱衷於舞蹈、旅行、樂器、手工藝。因為經濟富裕，對許多原本年紀較大時才有金錢與時間餘裕去做的事，也能即刻去做。和她們在一起，永遠不會覺得乏味。

★ **優勢複製**：如果你還沒有自己的嗜好，那麼不妨嘗試著讓自己學習藝術，抽空去學習一種樂器，學跳一支舞蹈，總有一天你會發現，它們會成為你抓住男人的法寶。

做一個不打折的「勝女」

在敗犬女的愛情邏輯裡，婚姻就是一座圍城，城裡的人想出來，城外的人想進去，唯獨「不婚」的敗犬女是「清醒的旁觀者」。但是，婚始終是要結的，城也終究是要進去的，那座城堡，無論它再怎麼令人排斥，再怎麼缺乏吸引力，它始終都是女人最終的歸宿。

曾經有男人給出一個剩女打折的公式：

不是處女打八折；

談過一次不成功的戀愛打八折；

談過兩次失敗的戀愛打七折；

以此類推……

過了 25 歲打八折；

26 歲打七折；

以此類推……

這是男人的片面之詞，如果你真的把自己套進這個計算公式，那你才是真的中計了。

有一個精明的女孩，善於收集各種打折資訊和優惠券，人稱「精打細算女」。「精打細算女」名副其實，每次公司同事需要購物消費時，她就是一部百科全書，大家總能從她的資訊中得到實惠。不過慘的是，她竟然把這種「精打細算」精神帶到了自己的情感中。

有朋友看見她的男友和另一個女孩一起逛街，好心提醒，她卻幫他掩飾說：那個是他的表妹，我們認識的；男友三天兩頭跟她借錢，她寧可自己不買看了好幾個月的通勤包，也要把錢給他；終於男人提出分手，「精打細算女」不惜苦苦相求，男人卻翻臉無情。朋友們詫異，這和工作中一

向精明的她大相逕庭。

「精打細算女」悲痛欲絕，好友苦苦相勸，她卻越發傷心：其實她早知道他腳踏兩條船，但是她已經 30 歲了，她不知道自己失去了他會怎麼樣。所以只能掩耳盜鈴，希望自己對他的包容和忍讓能夠讓他回心轉意，最終卻還是一場空。

感情畢竟不是商場促銷，折扣越多，收穫就越大。30 歲並不是一個可怕的年齡，而把自己打折出售才可怕。打折了，你就「剩」了；不打折，你就是「勝女」。

還有一位朋友，最近也飽受感情困惑。

蘇蘇是一所私立學校的老師，研究所畢業，從畢業的那一天開始，就已經開始被「掛牌出售」了。25 歲的時候，蘇蘇對愛情和白馬王子的憧憬足有 10 頁 A4 紙那麼厚，26 歲時，A4 紙只剩下了 8 頁，27 歲時，剩下了 4 頁，等到 30 歲的時候，只剩下了一句話 —— 男性、35 歲以下、工作穩定、相貌端正。

這樣的條件讓蘇蘇很快就步入了婚姻殿堂，婚禮也是隆重而浪漫的，可能連她自己也被感動了，但是三個月後，蘇蘇離婚了。

她拿出當初的那 10 頁 A4 紙，細數男人的種種惡習，幾乎沒有一條是符合自己要求的。曾經自己以為能夠委屈接受的一切，原來還是做不到。

蘇蘇不是個案，她不過是很多被婚姻沖「昏」了頭的剩女代表。她們一直以自己的優秀為驕傲，嫁給誰都覺得會後悔，最好的似乎永遠在前面向她招手，但是當周圍那些不如自己的野花，都找到了肥沃的土壤時，自己終於按捺不住，她們害怕自己就此枯死，於是草草把自己低價出售了。結果是一不小心誤入了地雷區，不是改變自己遷就對方，就是拔腿撤退。

想想看，剩女之所以成為剩女，正是因為自己一開始就不想隨便湊

第一週　洗腦週—顛覆觀念，誰說敗犬配「剩」男？

合，「剩」也是一種姿態，一種生活，千萬不要把自己打折甩賣，人生只有一次，走過了，也就錯過了。只有有品味、懂生活的男人，才會懂得剩女。剩女們雖然在年齡上不再占有優勢，但是她們獨特的性格和經歷，已經將她們打磨得像瓷器一樣精緻了。

值得銘記的敗犬法則：

課前熱身：既然已經掛上了剩女的頭銜，著急是沒有用的，不如讓我們現在測試一下，你什麼時候才能擺脫剩女的帽子吧！

這是一條通往桃花源的路，平時很少有人知道，更少有人走，你覺得這一路上你會遇到什麼險阻？

A. 可怕的野人

B. 很深的山澗

C. 尋找不到食物

D. 被路邊景色迷惑，導致最後迷路了

答案：

A. **可怕的野人**：你應該是敏感且感受細膩的人，有自己固定的生活圈。你不管做什麼事都帶著自己的原則，對愛情要求高，而且還帶有一點感情潔癖症，對另一半之前的感情世界帶著挑剔的目光，對方的優點感覺不到，注意力卻在那些缺點上。潛意識裡你嚮往白馬王子和美麗公主的完美愛情，可這種愛情在他看來，卻有種望而卻步的感覺，所以你很容易處在一個「高處不勝寒」的位置上。

B. **很深的山澗**：你對自己的情感隱藏得比較深，平時你有著平靜的外表，內心卻感情豐富，很多時候都是活在自己理想世界中。你

嚮往自由，討厭世俗。但不得不在世俗中生活，所以很多時候過於悲觀。你的心理年齡遠遠要比外表年紀成熟得多，面對愛情時，更多時候猶豫不決。如果衝破自己心中的枷鎖，偶爾嘗試一下冒險，加之掌握好自己善變的心，愛情就在不遠處。

C. **尋找不到食物**：你一直是生活圈中備受矚目的主角，身邊總是會圍繞著許多異性，對你百般寵愛。你個性明朗，充滿生氣。有著衝動的天真和堅定的活力。喜歡多姿多彩的生活，喜歡追求刺激和新鮮，對於平淡的感情會輕易忽略。身為剩女的你，千萬不要過於衝動盲目決定，也別太急著為自己託付終身。請靜心思考，抑制住自己的衝動，選對人再出手。真正愛你的人或許就在被你忽略的角落。

D. **被路邊景色迷惑，導致最後迷路了**：你是個容易為愛痴狂的人，一旦確認自己愛的方向，會愛得轟轟烈烈，會積極配合對方，經常深陷在愛情中，你是個非常有自信的人，總相信所遇到的人是自己的命中注定，這可能是源自於你的第六感，但很多時候你會成為一廂情願的一方。雖然說剩女也瘋狂，但是如不改正，時間久之，遍體鱗傷。

每一個剩女都在心裡默念過：魔鏡魔鏡告訴我，我的 Mr. Right 在哪裡？也曾無數次在心裡祈禱，希望在最美麗的時候遇見他，可是等過了花期，他為什麼遲遲未出現呢？或許他已經不會出現了？

愛情和任何事情一樣，需要運氣的同時還要有足夠的耐心。只要你還篤信愛情，只要你不是過分苛求挑揀，只要你擺正心態，正確面對生活，屬於你自己的白馬王子總是會出現的。說不定下一秒，轉過這個街角，你

第一週　洗腦週─顛覆觀念，誰說敗犬配「剩」男？

就遇到了你的真愛。

　　其實你早早已經決定要堅守到底，只不過內心的虛榮會在不經意間偷偷出現，在自信心打瞌睡的瞬間，做出錯誤的決定。我們只能給出你一些建議，請你在被愛情沖昏頭的時候，把它拿出來，默讀一遍，然後再謹慎地做出決定。

1. 著急是沒有用的，亂嫁是愚蠢的，絕不能為結婚而結婚，寧可高傲地單身也絕不打折結婚。

2. 永遠不要喪失對愛情的信心，最好的不是被你錯過的，而是在前方向你招手的。

3. 不要沉迷於虛幻，正確地對待生活，理智地適應潮流，騎白馬的不是只有王子，也可能是唐僧。

4. 珍視和盡情享受單身所賦予的自由自在，從花道茶道到跆拳道，泡酒吧泡健身房到泡帥哥，只要你願意。

5. 了解自己潛在的 Mr.Right 大致分布在什麼地方，時常過去走走看看，比如朋友的公司、高級住宅區、高級健身房、各類在職進修班……都是你應該特別留意的場所。

6. 不要放棄精進自己和充電。沒有美滿的婚姻並不妨礙你做一個完美的女人。

7. 不要給自己的愛情預設太多的立場，要知道愛情永遠是毫無道理可講的。

★ **課後作業**：製作一張自己的男人地圖，列出你對男人的要求，根據你的要求在地圖上圈出他們通常會出現的地方，向著目標出發。按圖索驥雖然不一定會準確地找到你的男人，但是卻可以為你封鎖爛桃花，

節省時間。

第一週　洗腦週—顛覆觀念，誰說敗犬配「剩」男？

第二週
排毒週 —— 排除毒素，一身輕鬆

第二週　排毒週—排除毒素，一身輕鬆

有人說，女人是一件藝術品，她清眸一掃顧盼生輝，淺淺一笑清麗婉揚，她是詩人筆下的傾國傾城，是畫家筆下的花鳥叢生，更多的時候，是男人眼中楚楚可憐的魅惑妖精。但是正如藝術品一樣，越是曲高和寡的極品藝術，越是高傲冷豔，剩女就是這些走在塔尖的女人，隱藏著注定被剩下來的致命缺點。要想解套，先練就金剛不壞身，把這些缺點通通修正。

修正剩女身上的致命缺點

抱歉公主病，不是公主命

每個女人都希望可以化身為童話裡的公主。然而，一旦過於沉溺，就會變成不切實際的「公主病」。別以為這是小女孩才喜歡玩的遊戲，很多剩女也是中毒至深。

小女孩們只是沾染了公主嬌氣、懶惰的惡習，可是剩女們卻已經修煉得霸道、專橫、挑剔、潔癖、奢侈。

與男方相處時，若你的女權主義過於強勢，自視過高，對方有與你觀念不同的地方，你便立即產生反感情緒，甚至表現得霸道、跋扈，那很遺憾 —— 你要剩下了！試問有哪個男人願意整天對著一個不解風情、囂張任性的刁蠻公主呢？拜託，這裡是現實，你面對的不是童話裡的王子。如果想要讓自己從剩女的行列中擺脫出去，那麼首先要改掉的就是身上的公主病。

碉堡女人，男人不敢愛

敗犬女們深諳一套自我保護之術。她們不容許自己在感情上和經濟上受到傷害和欺騙。這種無形的自我保護，往往把男人拒於千里之外，也在

自己的身體外面形成一層厚厚的保護殼。這層保護殼就像一座堅實的碉堡，清晰地寫著：非誠勿擾。

這種自我保護機制本是一種智慧的抉擇，但是卻把女人的心也緊緊冰封。她們表現得對任何事情都不在乎，尤其是感情，有或沒有都不會比股市的震盪對她的影響大。不是每個男人都有銅錘鐵斧，能夠劈山採石，才能看見那顆依然年輕跳動的女人心。這種自我保護方式，往往會讓男人覺得你是在遊戲人生，不是遇不到可以婚嫁的人，而是因為他們也把你當成了不可娶的人。

情商低，情路難

她們不是不想戀愛，不想結婚，可是在愛情方面實在沒天賦，既不懂得辨別愛情的真偽，也不懂得分辨伴侶的價值，結果就落得像朱德庸《澀女郎》中那個什麼男人都想嫁，卻反而常常嚇跑男人的低情商的「結婚狂」。

這一類女人天生就是因為情商過低，才慘遭失敗。無論她們在自己的事業上多麼成功和獨立，可是一遇到愛情，智商馬上歸零。而且屢試不爽。她們從來不會分析自己的失敗原因，只是一味地因臉上又長出一道皺紋而悲天憫人。

美麗、才華、金錢、事業、地位，自己哪樣也不差，為什麼失戀的還是我？抓破頭皮也想不通的問題。其實，原因只有一個——情商太低。同時，她們過於天真浪漫，並且身上那種柔弱氣息最易讓人產生保護欲，但是實際年齡又實在和心理年齡不相符，讓人難免覺得做作裝可憐。

第二週　排毒週—排除毒素，一身輕鬆

一次失戀，別成一生偏見

剩女往往不是一開始就被剩下來的，而是有著各種原因，但是不幸的是，一些偏執的女人以點概面，把一次失戀當成終生的汙點，不但不再相信愛情，更擺出一副李莫愁的姿態，誓把天下男子趕盡殺絕，試問哪個男子有勇氣自投羅網？一旦被一段刻骨銘心的戀愛所傷，敏感的你便過於自我保護，固執以為此生不會再愛，將愛情拒之門外。不管遭遇什麼，只要別把愛情悲觀化，你絕不會是剩女一族！

男人最怕你爭強好勝

敗犬們從小就習慣了爭強好勝，事事做到最好，表面上風光無限，其實無形之中已經把自己和其他人遠遠隔開。人們總是默認男上司的成功是理所當然，對於女上司的春風得意卻懷有許多不那麼善意的揣度。

婚姻是一桿天平秤，每個人的付出與所得都是公平的，如果有一方總是要增加自己的砝碼，那麼天平勢必要傾斜，甚至坍塌，那麼敗犬女最後能抓住的所有，也不過是一個爭強好勝的虛名。婚姻和事業本來就是兩回事，事業上的大女人做回婚姻中的小女人，才是聰明女人的上上策。

他為什麼會覺得你刻薄？

習慣了爭強好勝的敗犬們，在嘴上自然也是不留情。伶牙俐齒用在辯論中自然可以獲得最佳風采，但對於戀愛中的男友來說，無形之中是一種壓力。因為她們從來不會對討厭的人留有情面，即便是對待自己的男友，在他們做錯事情或者吵架的時候，仍然會發揮自己的優勢，把對方批判得狗血淋頭，體無完膚。即便你可以在風雨過後冰釋前嫌，他心裡的那面鏡子又怎能破鏡重圓？

「沒問題」小姐，別主動付錢

當一對情侶在燭光、小提琴的陪襯下，共度了一頓浪漫的晚餐後，女人率先拿出一張信用卡結帳，是不是感覺非常地煞風景？「男女平等」、「AA 制」，這些口號絕對不能成為女人獨立而霸道的藉口。一旦女人搶著付錢，不但破壞了浪漫的意境，也把男人置於了一個尷尬的境地。

在生活上，剩女們更不願意把自己柔弱的一面展現出來。馬桶堵了？沒問題；燈泡壞了？沒問題……她們總是希望自己生活得像男人，不，是比男人更強勢。爭強好勝，從不在男人面前服軟 —— 這是你的強硬之處，但也是你愛情的軟肋。太過強硬的心態，太以自我為中心，會讓你忘了照顧男人的自尊，會讓男人望而生畏。

要知道，女人們不由自主地攬事上身，潛意識裡是希望透過控制男人的生活方向來避免兩性關係中會出現的種種問題，然而大部分男人很快就會感到壓抑，開始排斥女人對他們的付出。

事業女，別讓現實沖淡一切

和天真的結婚狂相比，事業型敗犬要現實得多。

事業的成功是她們畢生的追求，為了事業她可以把個人生活置之度外，事業心遠勝過婚姻情感。她們的約會總會因為加不完的班而一再被推遲，甚至在兩個人親熱時，也會被客戶來電所打斷。會議日程永遠大過紀念日，主管永遠大過未來的伴侶……醒醒吧！敗犬女王，這個世界上除了事業，還有很多美好的東西可以追求，除非你準備一直就這麼剩著。

第二週　排毒週—排除毒素，一身輕鬆

抱歉，問題就出在你男人緣太旺

很多剩女們的困惑在於，沒人追；可是如果異性緣太好了，也可能拖你的後腿。因為如果你的男人緣太好，常常會引得狂蜂浪蝶撲過來。可能你也曾經為自己的好人緣沾沾自喜，但是到最後卻發現，沒有一個人是真心想要娶你的。因為你的好人緣，讓人覺得你對感情不夠專心致志，讓親密的戀人缺乏安全感。男人們自誇難以駕馭，最後只能退避三舍了。

追求更好沒錯，但沒有最好

蘇格拉底曾經給柏拉圖出過一道題：去前面的麥田，撿一根最大的麥穗給我。柏拉圖覺得這簡直是天底下最簡單的事，可是整整一天過去了，柏拉圖還是空手而歸。因為他無法決定，哪根麥穗是最大的，又總覺得前面還有更大的，所以最終不得不空手而歸。

敗犬女充滿了女性的魅力，常常是眾多男子傾慕的對象。可追求美好的她們，卻總覺得還有更好的男士在等著她們，害怕委曲求全後真命天子的降臨。可事實卻往往相反，寧缺毋濫的結果是竹籃打水一場空。世界上的男子永遠沒有最好的，請多珍惜眼前人！

「大女人」的孤獨之心俱樂部

大女人的強勢和孤獨的內心讓她們形成了非常矛盾的心理。想要掌控一切，卻又缺乏安全感，唯有占有，才能填補心理的空虛。這種占有欲不僅表現在她們對待物質生活上，更明顯地體現在情感生活中。

她們對愛情常赤裸裸地表達出來，無形中給失去了自由和空間的男人一種壓迫感，即便是開始很想追求她們的男子，也會避之不及，她們被剩下也就理所當然。

「好男人在三公尺之內」的尋找法則

好男人，從來不斷貨

　　再不結婚，好男人都被別人搶走了。媽媽的嘮叨，閨蜜的勸慰，總是這樣迴響在耳邊。這個世界上的好男人難道就像地球上的淡水一樣是稀缺資源？

　　其實，男人不是水資源，他們更像太陽能，無處不在，可以再生。無論你現在身處何地、年齡多大，無論什麼職業，請相信我，總有一個男人在前面等著你。或許你已經比別人多走了一段的路程，但是相信這一路的風景，絕對是那些女孩所沒有欣賞過的，這一路的花都只為你一個人綻放，或許不用太久。

　　但是，如果你還在埋頭工作，一邊敲著鍵盤，一邊打著電話罵人，一邊又苦惱：「今天晚上怎麼還是沒有約會」；如果你正百無聊賴地坐著，身旁放著剛吃完的冰淇淋盒子，一邊塗著你的腳指甲油，一邊抱怨：「這世上的好男人都跑到哪去了」；如果你正和閨蜜坐在吧臺，一邊喝著清酒，一邊大聲咒罵：「男人沒一個好東西」。我知道事實很殘酷，但是我必須告訴你實話，你被剩下來完全是咎由自取。因為你既沒有為迎接男人作好準備，也沒有為尋找男人付出行動。

　　如果你想迅速地從剩女的境地中擺脫出來，最重要的一條就是請相信 —— 這個世界上的好男人永遠不會斷貨。不管你曾經受到怎樣的傷害，包紮好你的傷口，重新上路吧！去尋找一雙能陪你走完這一生的好鞋！

第二週　排毒週—排除毒素，一身輕鬆

「愛情遠視」可以，適當吃點窩邊草

「物以稀為貴」似乎可以對剩女們有所啟示 —— 所有人都想尋得那件稀罕物，不過有時候，稀罕不過是相對的。

在剩女中，十個有八個，可能已經得了「愛情遠視」，她們對男人有著太高太遠的渴望，卻忽略了每天出現在她們身邊的男人：男同學、男同事、男鄰居、男客戶、男性朋友……這些男人，無論再優秀也一定入不了她們的法眼。因為，天天出現在自己視線裡的男人就好比是空氣般稀鬆平常，一點都不稀罕，根本提不起女人的「嫁欲」。其實剩女們與其整日抱怨，不如把自己的頭低下來，目光收回來，你會發現處處有風景。

● 行動法則

不妨吃點窩邊草。窩邊的這種好位置帶來了無窮的便利性。想要迅速脫掉剩女的外套，不妨也來占據這個先機。如果你對身邊這些「窩裡」的男人實在提不起什麼興趣，那也不要漠視他的存在，說不定他們可以成為你的一塊優質跳板，說不定，他的某個好兄弟也正在請求他幫忙物色一位賢良淑女哦。在他們的身邊，就是最好的窩邊。

小心鐘擺定律，擺脫搖擺愛情

左右搖晃的鐘擺，注定一生忙碌，因為它一生都沒有下定決心，到底該站在哪一邊，終於有一天，它下定決心，選擇了自己的方向，定格在或左或右，卻已經是付出了自己全部生命的時候。

追求愛情中的女人，就像鐘擺一樣，永遠會面對著左右搖擺的局面。有的人徘徊在兩人之間，有的人卻徘徊在愛情之外。對於剩女來說，搖擺，是很多人常常犯的錯。

對於剩女們來說，已經沒有太多的時間讓自己去左右搖擺，雖然愛情來之不易，倍感珍惜，但是卻過度謹慎猶豫，很難修成正果。愛情成為她們抓在手裡的沙子，你越想握緊，卻越抓不住，除了自己。

正因為你已經錯過了很多，但是也別勉強自己去抓愛情的尾巴，如果你的愛情還有些許的憂鬱和遺憾，那麼就要當機立斷，速戰速決，搖擺不定，只會浪費你剩下不多的青春。除非你想在生命的最後一刻，才下定決心，可惜一切都為時已晚。

● 行動法則

★ **不要在「愛」與「不愛」之間搖擺**：愛，還是不愛，這是剩女們最常搖擺的問題。許多剩女在經歷過多次失敗的愛情之後，開始不再相信愛情的存在，一副看破紅塵的樣子。然而，在某些寂寞的時刻，還是忍不住期待有人來疼，有人來愛。到底要不要再愛？剩女們不停問自己。

★ **不要在「真情」與「假意」之間搖擺**：剩女們一直很渴望獲得愛情，所以剩女們的弱點是很容易被打動，缺點是很容易懷疑。對於剩女，愛情不再是少女時浪漫的風花雪月，平凡中的體貼關愛、攜手走到底的堅定、願意分享的態度和對待生活中風風雨雨的責任感，才是能夠通往真愛之路的關鍵。

★ **不要在「高不成」與「低不就」之間搖擺**：你或許已經被人說過一百遍了：你的眼光太高太挑了。但是你的內心還是不服氣：我只是想要找個愛我的人，不在乎他是否有錢、是否英俊、是否浪漫。女孩們，不要再欺騙自己了，你的矛盾，其實就是你一直在這兩者之間矛盾。

★ **不要在「付出」與「回報」之間搖擺**：剩女們的年齡閱歷決定了當中的很多人不再用心去追求一份怦然心動的感覺，而是把愛情當做了

一種交換遊戲。到底是要主動「付出」，還是等待「回報」？對於剩女，這絕對是個問題。

★ **不要在「這一站」和「下一站」之間搖擺**：還記得我們之前說過的柏拉圖撿麥穗的故事嗎？對於剩女來說，前 1/3 用來鑑別麥穗好壞的路程已經走完了，如果遇到一個不錯的男人，你應該認真考慮定下來，而不是左顧右盼，搖擺不定，擔心錯過更好的選擇。

不做偏見小姐，沒有完美男人

嘗試用筆在紙上畫一個最完美的圓，相信即便是李奧納多‧達文西再世，也無法完成這個艱鉅的任務，除非你借助圓規這樣的外在工具。是的，這個世界上本來就沒有完美的東西，而很多貌似完美的東西也都是借助一些外在的手段去幫助完成。對於男人也一樣。

曾經很多的前輩都曾告誡我們：千萬不要試圖去改變男人身上的瑕疵，這只會讓你自取其辱。於是，我們聽話地，不去觸碰那些身有瑕疵的男人，最後卻和一心想撿最大麥穗的柏拉圖一樣，無功而返。

隨著年齡的增加，我們更加意識到一個殘酷的事實，沒有缺點的男人是不存在的。很多質優價廉稍有瑕疵的半成品好男人，就在單身女人的眼皮下被忽視被漠視被輕易放過，最終成了其他女人的如意郎君。

這就好比你起了個大早去市場，你以為時間尚早，有的是機會慢慢挑選，也不甘心在第一家買了菜，又在第二家看見了更新鮮的，所以從第一家比較到第二家第三家……，時間也就這麼過去了，眼見著身邊一陣嘈雜，原來市場已經收市了。你很想抓住最後的尾巴，總不能白來一趟吧！但剩下的東西都不新鮮了。

真正的聰明的剩女，就在於她們能從這些所謂的挑剩下的「爛菜」

中，慧眼識珠，別人以為被反覆挑選剩下的菜就一定是不能吃的了，可是殊不知，掀開上面那一層爛掉的菜葉，下面不但一樣鮮豔，價格還更加便宜，真是值得偷笑。那麼，還在掙扎的剩女們不妨跟她們學幾招吧！

● 行動法則

二手男

最近幾年的房地產行情瞬息萬變，但是有人寧可等一兩年也要買間新房，有人卻覺得二手房地段好，又經過了時間的考驗，才更有升值潛力。

其實，在人的成長過程中，像二手房這樣經過時間的考驗很重要。但是，在戀愛婚姻這件事上，經驗似乎並不值錢。雖然二手房逐漸升溫，但是「二手男」卻幾乎不在剩女們的考慮之列。

公平地說，剩女們未必是對離婚男人抱有歧視的態度，但是從傳統觀念出發，卻很難拋開世俗的眼光。但是二手男身上的優點卻被這種眼光淹沒了。二手男各方面都比較成熟。包括思想基礎和經濟基礎。二手男人會具有幫助你、啟發你、帶著你往前走的能力。二手男更懂得珍惜感情，因為失去過所以才特別珍惜。

玩過男

男人總是那麼禁不起誘惑，是等著人到中年才成「良家婦女」，還是找個「玩過男」安穩過日子？如果有機會選擇，我一定選後者，相信你也是。

玩過男們雖然年輕時曾經「禍害」過無數女孩，也曾經在酒池肉林裡打滾。但是，這樣的男人一旦願意安穩下來，比任何男人都更加安穩。因為他們什麼都見識過了，什麼都享受過了，唯一還沒有得到的是安穩的生活、顧家的妻子、可愛的孩子，於是，安穩的現狀就是他最想要的生活。

當他們吃過了葡萄的味道，甚至吃膩了葡萄的味道之後，就絕對不會再對葡萄念念不忘，他們已經明白了，白開水才是最解渴最長久的生命之水。

水泥男

男人是泥做的，女人是水做的，但是偏偏有一類男人是水泥做的。他們雖然外表打扮不愛武裝愛紅裝，但卻是 100% 的真男人。

水泥男或許是最適合敗犬剩女的一種男人。敗犬女是天生的大女人，事事喜歡強出頭，流淚也不需要男人為自己遞衛生紙，水泥男卻有點天真幼稚，有點大男孩，他們天生晚熟，需要在被照顧中慢慢長大。或許很多女人都想要找個男人來依靠，但是敗犬女卻不同，她們天生具有超強的控制欲和占有欲。水泥男正好和敗犬女形成了強烈的互補。

五種方法，重燃愛情荷爾蒙

要徹底從剩女的行列中離開，就要重新燃起愛情荷爾蒙，當你的愛情荷爾蒙被燃起時，男人就會像你工作中的商業談判，無論過程有多曲折，你總是有興趣和辦法攻克；就像櫥窗裡剛上市的那件風衣，無論價錢有多昂貴，你也總會努力把它買到手。

重看一遍老電影

無論是即將開始戀愛的人，還是熱戀中的人，電影都是最好的愛情道具之一。我們知道，你已經很久沒有戀愛了，這感覺就像你初次走進你的辦公室，你需要的是最好的指導與輔助，它們能幫你迅速走進自己的角色，繞過彎路直奔主題，縮短你的實習期。

電影就是一個夢，讓觀眾陪著導演一起實現自己的夢。對純真年代的戀愛者來說，戀愛也就是找到自己的夢想。戀愛與電影，構造顯然相同，但是電影方便得多，因為電影裡俊男美女，可以滿足伴侶對於外貌的迷戀、嚮往，電影裡的悲歡離合、愛恨情仇，可以激發你迅速投入其中的參與願望。

而愛情本身，也是電影的永恆題材。人類的愛情行為從最普通最常見的到最畸形最變態的，從最純潔最無私的到最無聊最猥瑣的，幾乎都被囊括其中。各式各樣的愛情電影，組成「愛情絮語」的影像世界，總能在不經意間觸動你的愛情神經，讓你的腎上腺素激增，多巴胺飆升，一場即將開始的戀愛，整裝待發。

重溫老電影對於愛情如此重要，在電影開始前，我們也要鄭重地作一下準備。

★ 拉好你的窗簾，如果可以，點上一支蠟燭，昏暗的光線更容易讓你產生幻想。

★ 關上你的電話，除非你想正在幻想英雄出現的時候，被主管叫回辦公室加班。

★ 收起你為看電影準備的爆米花，倒上一杯紅酒，浪漫是一種習慣。

★ 最重要的一點是，選擇那些真正能夠讓你戀愛的影片，而不是一部感慨背叛與不忠將會成為愛情最終結果的現實影片。

和已婚朋友吃一頓週末晚餐

剩女，往往是自我封閉，不善交際的女人。她們的朋友圈和社交圈本來就小得可憐，一旦朋友結了婚，就更像是穿了隔離衣，恨不得永不相見 —— 受不了這種刺激。

第二週　排毒週—排除毒素，一身輕鬆

其實，刺激未必會讓你心臟病發，也能讓你的愛情荷爾蒙開始分泌。在一個不忙的週末，去她們的家裡吃一頓飯，如果有可能的話，試著和她們一起準備晚餐。相信我，這並不會讓你覺得形單影隻而尷尬，反而會激發你找一個家的欲望。同時已婚朋友也是你「脫單」的一大資源。她們不會和你一起爭搶好男人，還可能有大把的「存貨」需要發配出去。常常和她們一起聚會，對你來說，百利無一害。

別去那些剛剛結婚不到半年的朋友家裡吃飯。他們都沉浸在初婚的甜蜜中，無法將心比心，他們難分難捨的樣子，會在你的面前毫不保留地展現出來，但是在外人看來，似乎有點甜蜜過了頭，難免讓人覺得做作，自然也會引起你的反感。

別去那些不善家事的朋友家吃飯。他們對家庭事務一無所知，你也會看到一片狼藉的臥室、一條煎糊了的魚、一瓶過期的罐頭，或許還有一箱泡麵。這就是婚姻嗎？天啊！這絕對是個負面教材。

別去那些剛剛生過孩子的朋友家裡吃飯。剛剛生過孩子的女人大多體態臃腫、面部浮腫，如果還在哺乳期，她們甚至不能化妝，這與以往你認識的那個身材窈窕，面容姣好的她大相逕庭，就像一面鏡子，映照出你的將來，從一開始就已經讓你望而生畏了。

別去那些丈夫不在家的朋友家裡吃飯。無論他們有多恩愛，丈夫有什麼藉口，但是週末把妻子一個人留在家裡，怎麼也說不過去。是不是戀愛時如膠似漆，結婚後就要獨守空房呢？你當然不確定，所以你絕對不會把自己的幸福賭在男人身上。

別去那些經常爭吵的朋友家裡吃飯。一對總在吵架的夫妻會給你留下怎樣的印象，不用我再多說了。

別去那些經濟不夠富裕的朋友家裡吃飯。貧賤夫妻百事哀，他們可能不覺得這是一種不幸，或者也有自己的小甜蜜，但是，當你發現結婚前，以前用六成薪水打扮的朋友，現在只能用一瓶化妝水。一直追著時尚雜誌看的朋友，已經兩個季節沒添置過新衣服時，你自然會覺得，單身是一種明智的選擇。

去圖書館坐一坐，重溫初戀印象

岩井俊二的《情書》，兩個名字相同的男女，一段動人的青春情懷，起於圖書館而又默默地消失於圖書館，直至多年後因主角的意外死亡而揭開了故事中封存多年的祕密。

圖書館從來都不缺愛情故事。回到圖書館坐一坐，或許你已經過了「情書」的年齡，我們也不是要你天真地以為還能夠在圖書館等到豔遇。圖書館，除了代表愛情，還代表一種美好的回憶。

無論你在成長的過程中已經變得多麼心如止水，也無論你在職場競爭中面臨多少冷酷無情，相信在你的內心，總會保有一塊柔軟的地方，去承載曾經的那點心動。

回到圖書館，找一本青春年少時讓你怦然心動的書，隨著微風吹動書頁的沙沙聲，相信你也被吹得春心蕩漾。

不過，去圖書館找感覺，記得要脫掉你的高跟鞋和工作服。找一條棉布長裙和一雙平底鞋，如果可以的話關掉手機，帶上一冊隨寫本，把那些讓你心動的句子，像從前一樣抄寫下來，是不是會突然間感覺到，有一個人，值得你把這封「情書」寄出去呢？

第二週　排毒週—排除毒素，一身輕鬆

一個人的 KTV，情歌也是助燃劑

　　KTV 是最熱鬧的地方，一個人，未免太過淒涼。可是一個人有一個人的好處，可以擺脫你以往所有的形象，你是「千年宅女」，你是嚴肅的上班族，你是 30 歲的端莊熟女，可是在一個人的 KTV 裡可以甩掉這一切包袱，一個人為所欲為，大唱「十個男人七個傻八個呆九個壞，剩下一個人人愛」，可是沒有一個屬於我自己。你也可以唱「神啊！救救我吧！一個人晃了半輩子」……音樂是沒有國界的語言，可以直達你的靈魂深處，觸摸那根柔軟的心弦，詠唱出令人感動的愛情傳奇。大聲唱歌，讓過去的日子一幕幕重現眼前，細細地聽著自己的回音，想像歌中別人的心情，想像歌中別人過的日子。喉嚨沙啞，淚水布滿了你的臉頰，也許你會更明白，縱然為愛受過傷，也總有一個屬於你的有情天地，等著你大膽闖一闖。

讓你荷爾蒙飆升的香豔運動

　　你是健身狂嗎？運動有太多好處，運動能讓你保持健康的身體、苗條的身材，但並不是所有的運動都能讓女人對愛情和男人提起興趣。科學家就曾證明，過量密集的運動，是導致多數女性單身的主要原因。一方面，過量密集的鍛鍊會使人精疲力竭，無力再投入愛情甚至性生活中；另一方面，過度的鍛鍊會使身體的脂肪含量大幅下降，而脂肪是雌激素的主要來源，這樣一來，雌激素會減少分泌，使女性很難對男人提起興趣。

　　所以，要想讓運動為你的愛情助興，首先要掌握一些科學的運動方法。

　　首先，要依據女性的生理特徵進行運動。由於女性在一個月的週期內將經歷月經期、卵泡期和排卵期，而這三個階段體內的女性荷爾蒙分泌有很大的波動，所以相應的健身鍛鍊也應根據生理週期分階段調整進行。

　　在月經期，女性體內雌激素數值較低，宜靜不宜動、宜慢不宜快。最好選擇瑜伽、散步、太極等輕柔、緩慢、運動強度不大的項目進行，避免選擇對抗性強的體育活動和耗時長、高強度的訓練。

　　卵泡期，女性體內雌激素將緩慢上升恢復，這個階段也是人體消耗熱量的黃金期。一般的大眾運動，像網球、長跑、游泳等，都是不錯的選擇。

　　排卵期，這個階段女性體內雌激素逐漸攀升直至最高峰，然後在排卵後期，也就是快靠近月經來潮時又逐漸回落。前期可以實施大量消耗體力的健身項目，接近月經來潮的那幾天，可改換為平緩的運動類型，如健康操、慢跑等。

　　同時，如果你是個不甘寂寞的剩女，花點心思挑選運動項目，不但能夠幫助激發你的愛情荷爾蒙，還能為你隨時可能發生的豔遇作好準備。慢跑、步行、游泳、打球、瑜伽，這些項目都是強勁的腿部運動，有助於不斷增強在性愛中的持久力。而拉丁舞、肚皮舞等舞蹈類的動作更是最佳的性運妙方。

　　最後還要記得，運動也是要適時適量的。每週三次、每次鍛鍊不超過一小時的運動量是合適的，因為過於頻繁的運動則會適得其反 —— 讓身體疲倦，慾望喪失。面對好男人也會力不從心哦。

第二週　排毒週—排除毒素，一身輕鬆

第三週

籌備週 —— 刷新外表，擊敗「女魔頭」的八大醜態

第三週 籌備週—刷新外表，擊敗「女魔頭」的八大醜態

對於敗犬女王們來說，必須面對的一個殘酷現實就是：無論你的內在美有多麼迷人，它們都不可能透過你的外表表現出來，可是第一眼的印象，卻可以決定 80% 的好感，而且這種第一印象，往往根深蒂固，很難改變。

如果你不想孤獨地度過下半輩子，那麼在你對自己的內在美自信滿滿的同時，也給你的外在美充充電吧！

對號入座，職場「女魔頭」的八大醜陋細節

你永遠不用擔心職場中的敗犬女會在各種場合中失禮於人。為了能夠在職場上獲得更大的成功，她們一定都潛心鑽研過職場形象的重要性，但是這一切的目的只是為了讓自己符合職業特色，卻不是為了吸引男人。所以當敗犬女把自己的職場形象發揮得越完美，男人就越不敢接近。而那些由辦公室所帶來的「OL 職業病」，更是女人的天敵。

工作太忙碌，無暇顧小節

細節決定一切，人們會由女人身上的每個細節聯想到 —— 她熱愛品味生活，她有雅緻的情調，她懂得自己。細節也毀滅一切，那些不起眼的細節會輕易地摧毀你苦心經營的形象，細節更能讓好男人偷偷溜走。

風靡全球的《時尚》雜誌曾經做過一項調查，在從來自世界各地的 5,000 名男人的調查中顯示，男人最注意的女人的細節美麗包括：手臂線條、完美的背部、晶瑩的耳後肌膚、打點到位的腳踝、性感後腰、柔順秀髮、甜美嘟嘟唇、頸窩、迷人電眼、怡人皓齒、清新口氣、柔潤雙足、均勻小腿……親愛的敗犬女，如果你想抓住最後的機會把自己從剩女隊伍中解救出來，就一定要學會投其所好，再忙碌也要打理好自己的細節哦。

衣服很單一，沒有親和力

打開敗犬女的衣櫃，半壁江山必定是被黑色、灰色占據，其餘半壁恐怕也是白色、卡其、藍色這些中性顏色為主。這固然很符合職場女性的特色，但是就算是山珍海味也是會讓人膩煩的。

當你每天都穿著以不變應萬變的服裝走出家門時，不但會淹沒在浩瀚的 OL 大軍中，也會讓男人覺得你單調乏味。

從色彩心理來說，男人更容易對那些穿著藕荷色、粉色、淡黃色服飾的女人提起興趣，因為這些顏色不但能激發男人內心的雄性荷爾蒙，情不自禁地想要保護她們，也更具有親和力。

如果你還是無法接受鮮豔的顏色，那麼不妨就在你的圍巾、皮包上多下些功夫。

OL 愛久坐，資深「梨形」身材

對於剛入職場的菜鳥來說，不用對公司裡的美女們論資排輩，只憑看，就能對她們的入職時間了解得八九不離十。你看看那些豐滿的腰臀，都是和她們的年資成正比。無奈，長期坐在辦公室，腰、腹、臀，最容易堆積脂肪，無論你用盡什麼減肥的方法，「梨形」身材永遠讓你無可奈何，除非你忍痛搬離你的辦公室。

「梨形」身材簡直就是敗犬女的噩夢，不但影響形象，而且會讓你已經不年輕的年紀雪上加霜。

長久對電腦，一張咖啡臉

坐在辦公桌前，打開電腦，沖泡一杯咖啡，細細品味的同時，為將來的工作養精蓄銳，這既是敗犬女們的放鬆方式，也是每天必不可少的工作。

第三週　籌備週—刷新外表，擊敗「女魔頭」的八大醜態

俗話說，一白遮百醜，女人沒有不希望自己擁有白皙光滑的皮膚的，但是對於長久坐在電腦前的敗犬女們來說，美白難上加難。電腦輻射已經讓你的皮膚乾燥、暗黃；長期大量地飲用咖啡，導致體內黑色素沉澱、膚色黯淡。另外，咖啡還會影響女性睡眠，而睡眠不足是女人美麗的第一大殺手，多少化妝品、營養品也補償不了。頂著一張咖啡臉，敗犬女往往是「醜」態畢露。

戴眼鏡小姐，雙眼無神采

眼鏡能讓女人看上去更加的文雅知性，甚至有很多女人會選擇平光眼鏡作為自己的裝飾品，來增加沉穩幹練的職場氣質。但是這些僅限於你不是真正的「眼鏡小姐」。

因為女人長期受視力困擾，不但工作和生活上有很多的不便，在外表上也會有所影響。最為明顯的是，眼鏡小姐們的目光比較無神，沒有那種晶瑩的感覺，隨著視力的不斷下降，眼球還會出現不同程度的突起，而且就連鼻梁也會因為不堪眼鏡的重負而變得扁平或紅腫。

俗話說，眼睛是心靈之窗，眼鏡小姐也像是關上了窗戶一般，難以讓人看透心靈，自然也丟失了一部分被人接近和了解的機會。

總穿高跟鞋，腳部最受傷

高跟鞋是女人的法寶之一。任何場合，一雙得體的高跟鞋都會讓你瞬間變得性感。但是當女人穿上高跟鞋的那一天，就該明白，這個世界上不會有任何一雙高跟鞋讓你穿起來有如履平地般舒服。

想要高跟鞋的優雅，就要付出高跟鞋的代價。

我們足部的骨骼是突向上方的足弓，有三個負重點，通常人在行走的

時候，為了減輕腳的疲勞，三個負重點均勻受力，共同完成吸收能量、緩解震盪、保護足以上的關節、防止內臟受損的作用。但當穿上高跟鞋後，隨著足跟的抬高，足底承重點發生了改變，前腳掌受力加重，為了能夠站立平穩，導致足弓的自然下陷，前腳掌趨於變寬。而腳後跟部，是承受力最大的著力點，也會形成厚厚的老繭。

高跟鞋女郎雖然個個風采迷人，但是脫掉高跟鞋，卻各有各的苦楚。

體態職業病，高低佝僂肩

女人在職場上打拚，付出的不僅僅是青春年華，還有自己的健康身材。如今的辦公室 OL 們長期保持同一姿勢工作，下班後，脖子痛、腰痛的情況一定時有發生。很多人會尋求推拿按摩消除疼痛，單純的止痛卻不能治癒來自於積勞成疾的脊椎病。

長期的伏案工作、背著時尚的大挎包、缺乏運動等都會誘發 OL 們的脊椎變形，脊椎變形的危害自然不容小覷，而且會產生高矮肩、佝僂等問題，影響女性形象。

荷爾蒙紊亂，像個老巫婆

又是荷爾蒙惹的禍，工作壓力、電腦輻射、飲食不均都會誘發女人的荷爾蒙失調，而這些不良生活狀態正是敗犬女們每天都在經歷的。內分泌紊亂讓女人面容枯黃、脾氣易怒，怎麼看都像童話故事中的惡毒老巫婆。哪裡還有男人敢自投羅網？

女人的芳華在一個瞬間一個瞬間地溜走，女人的美麗也在一個細節一個細節地累計中形成，生命中的每一個細節都能打造成女人美麗的名片。讓我遇見你，在我最美麗的時刻，這是女人最大的願望。你可以抱怨時間

帶走了你的青春，卻不能抱怨它帶走了你的美麗。美麗形象從來都是掌握在你自己的手裡，你不知道他何時出現，卻可以讓自己時時美麗。

　　在接下來的日子裡，你只要拿出一週的時間，跟著我們一起梳理自己的形象，時時刻刻以最美麗的姿態迎接他的到來。讓美麗成為一種習慣，成為你的標籤，你隨時隨地都可以迎接你的愛情。

一週時間，refresh 你的魅力指數

　　沒有人願意承認自己的缺點，尤其是外表的缺點。但是，當我們不留情面地把 OL 們的通病展現在你的面前時，你已經沒有退路了，要脫離剩女的行列，改變自己的形象，你必須要有的放矢地把自己的醜態一一擊破。

深層 SPA 搞定小細節

　　由於工作的忙碌，有很多陳年死角，你已經根本沒有時間、沒有精力去清理了。在週末，做一個深層 SPA，不僅能洗去你一身的疲憊，也會給你未來的形象打一個好底子。

粗糙的腳後跟

　　經常穿高跟鞋，必須要注重對足部的精心護理。每個月至少做一次足療。最好找專業的足療師，每六個月對自己的足部進行一次全面檢查。以防止它們因為高跟鞋而產生病變。

　　如果你沒有足夠的時間去做專業的足療，那麼至少要自己動手來個足部護理。

首先，去掉所有殘留的指甲油。把腳浸泡在一盆溫水中，時間要長一點，你可以利用這個時間來喝一杯花茶。

泡腳之後，指甲都比較軟，方便修剪和打磨，角質也可以適當去除。用磨石或者絲瓜瓤輕輕打磨多餘的角質，然後塗上滋潤的乳液或者凡士林。嚴重乾燥的部分包裹保鮮膜，穿上純棉質地的襪子，睡一晚，早晨醒來你會發現腳部肌膚「重生」了。

灌木叢一樣的指尖

每天打字的 OL，指尖常常堆滿死皮甲垢和掉色的指甲油，沒辦法，生活就是這樣，美好的事物總是很短暫。

如果你使用的是深紫色或者紅色這樣搶眼色彩的指甲油，最好在你的化妝包內準備一小瓶備用，一旦指甲掉色、被刮花，就要及時補救，否則很容易被人發現；如果你的指甲發生了破損，就要當機立斷，要知道 OL 的雙手可是每天都在繁忙工作中，各種意外都可能發生。

掉色的頭髮

染色的頭髮，變長的速度可能大大超過你的想像，如果你已經深知自己的惰性，最好一開始就選擇深色的染髮劑。

頭髮的顏色每 6 至 8 週就要打理一次，為了能讓你的頭髮顏色保持得更加持久，最好用冷水洗髮，這樣可以閉合頭髮毛囊；用吹風機的時候，不要太熱，或者太接近頭髮；洗髮也不要過於頻繁，洗髮精用量過度會損害頭髮裡自然的油脂分泌。就算你正在留長頭髮，也要適當地修剪。如果髮梢已經開始分叉，那麼頭髮也會長得很慢。

第三週　籌備週—刷新外表，擊敗「女魔頭」的八大醜態

乾渴的皮膚

電腦能夠分擔大部分的辦公室工作，但是讓敗犬們稍稍從工作中解放的同時，也讓原本嬌嫩的皮膚由於輻射變得枯燥，厚厚的角質層如果不去掉，用多少的化妝品也無法彌補。但是，過於頻繁的去角質，反而會讓你的皮膚變薄，甚至產生紅血絲。

讓你的臉部保持清潔，深層的清潔是最重要的。此外，女人是水做的，水對女人的皮膚至關重要。要保持皮膚的健康美麗，首先就要保證角質層水分含量高於 10%。補水保濕是護膚最重要的功課。

四肢關節

四肢關節，就像你心愛皮包的背帶，它不能決定你的皮包款式，卻絕對能代表它的品質。除非你想那個男人撫摸到你乾癟的手肘而大倒胃口，否則請記住，四肢的關節都是淑女的標誌。要時刻記得讓它們美麗柔滑，除了清潔，保濕和去除死皮也必不可少。

毛茸茸

不管你是不是天生麗質，都需要注意保養。外表對於女性來說是十分重要的，所以你要經常刮體毛，來保證皮膚光潔。很多女人都會在夏天來做這項功夫，但是隨著天氣轉冷，衣服越穿越多，誰會管那些掩藏在衣服下面的該死的體毛呢。但是親愛的，別忘了你是在隨時準備一場豔遇、一次約會。它們都讓你會在猝不及防的時候展露自己的美麗，臨時抱佛腳，絕對不是一個好選擇。

把這些安排抄在記事本的前頁，保證定期保養你的身體。

★ 比基尼線：每週要做 2 至 3 次，但是，除非你是專業模特兒或者要去
海灘，我們並不推薦這個部分的。

★ 腋下：用熱蠟除去，每週 2 至 3 次，或者用剃刀隔天刮一次，夏天更
容易出汗，所以再生速度會更快。

★ 腿部：可以用熱蠟去除，每週 3 至 4 次，或者視需求用刀片刮掉。冬
天可以只刮小腿部分，夏天要全部刮掉。毛多的人要特別注意：用熱
蠟去除的方式比刀片更有用。

★ 眉毛：眉毛要平取拔除，熱蠟去除或者是用線去除，隨便你選擇哪一
種，但是建議你一個月做一次就可以，而且這個任務相信你自己在家
就可以完成了。

★ 臉部：建議你每六週做一次臉部護理，深層的清潔和排毒會讓你的臉
部汗毛減少。

★ 唇部周圍：如果你唇部周圍有毛，就一定要去除，每個月或者必要時
使用熱蠟去除一次，單純的漂白不會讓你收到預期的效果。

魔力高跟鞋，甜蜜戀愛衣

你有多久沒有留意流行元素了？你的衣櫃裡已經都被黑色占領了吧？
你的皮包都被公作資料占據了吧？還有，還有那雙萬萬不可少的高跟鞋，
是不是也變成耐穿百搭的黑色款了？這樣了無生氣，怎能招桃花？週末，
需要為自己選擇幾件真正的戰袍了，記得，不是工作服！

一雙戀愛感強的高跟鞋

一雙高跟鞋能讓女人出類拔萃亭亭玉立，弱水三千，闖入瓢中。不僅
僅是一種時尚，更是一種心情的表達，選擇那些會讓你感覺愉悅和激動的

鞋子，穿上它能讓你的內心充滿喜悅和自信。

要穿高跟鞋，那麼就盡量選擇你能承受的最大高度。因為高跟能夠第一時間改變你的氣質，成為焦點。當然，還要考慮到安全和舒適，一般來說 9 公分加上紅色，是性感的分水嶺，有一點危險，有一點誘惑。如果無法接受如此搶眼的色彩，也要讓你的鞋櫃色彩盡量豐富，有時候，一雙色彩鮮明的鞋子，能夠彌補你單調的服飾。

選擇高跟鞋，最好是光腳，讓足部皮膚直接與鞋子接觸，走起路來，不會因為絲襪的光滑而左右搖擺，大失優雅。如果一定要選擇絲襪，最好的搭配只有肉色和黑色，流行的彩色絲襪可不是你這個年齡適合嘗試的花樣了，它們只會讓男人看見你的幼稚膚淺，也會讓女人看出你這一身行頭有多廉價。

一套合適的內衣褲

莫非定律無處不在：你期待已久的重要時刻終於到了，你卻偏偏找不到合適的成套的內衣褲。於是你心懷僥倖，隨便穿上了一套內衣褲出門，可是要命的事情發生了，你們一見鍾情，你因為羞於自己的內部裝扮拒絕了他的邀請……親愛的，答應我，永遠別把自己推到進退維谷的絕境。

一套合適的內衣褲不但能提升你的桃花運，更能讓你自信滿滿，如果你希望穿上內衣之後具有誘惑力，那麼一定要穿搭配成套的內衣和內褲，如果你想再性感誘惑一點，就去搭配一條吊帶襪。如果你覺得找到一件合適的內衣真的很難，最簡單的方法是找專家來幫助你。選擇知名品牌的內衣褲，它們的銷售人員都經過專業的培訓，能夠快速地幫你選到適合你自己的內衣褲。

招引桃花的小飾品

飾物之於女人，不光是點綴，更是靈性。看女人所帶的飾品，往往能夠洞悉女人的內心世界。飾物雖小，卻融合了女人的美感、情趣與智慧。怎樣才能讓你的飾物亮出你的招牌，招引桃花運？把你的飾品拿出來，跟著我們下面所說的，嘗試搭配吧！

★ **太陽眼鏡**：時尚的太陽眼鏡不僅能使你風姿綽約、氣質高雅，還能彌補臉部的缺陷，搭配不同的著裝，都能讓你散發出一種好萊塢明星般的氣質。

★ **絲巾**：女性的煩惱之一就是儘管衣櫃裡塞得滿滿的，總還是覺得衣服不夠，這時絲巾無疑是一種解決方法。男人都有一種「神仙姐姐」情結，想想當你圍著絲巾，飄飄若仙地從他身邊走過時，對他是怎樣一種致命的誘惑？

★ **項鍊**：除了戀人的手臂，項鍊是唯一可以在女人脖子上纏繞的有情之物。女人選對適合自己的項鍊，不但能夠點綴造型，還能適當地修飾臉形和臉色，令自己更加雍容華貴、姿色俏麗、灑脫飄逸、氣度不凡。

★ **手鐲**：在一些正式的場合選擇穿無袖禮服時，別忘了戴手鐲。這會令你儀態萬千、楚楚動人。由於禮服是在正式的場合穿著，其布料、款式、色彩均追求高雅與華麗的格調，因此，手鐲的材料、色彩應與服裝搭配。價格低廉的劣質品，會使你漂亮的服裝黯然失色。

★ **隱形眼鏡**：隱形眼鏡有不同的色彩，浪漫的紫、迷人的綠、多情的藍、溫柔的棕、奔放的紅……讓無限風情在色彩中自然流露。鏡片顏色從內圈瞳孔周圍處色彩顆粒由小到大，戴起來顏色從裡到外由淺到深，眼珠顏色更為細緻且自然的彩色隱形眼鏡非常適合在日常生活中

佩戴。要是參加聚會，選擇鏡片從瞳孔周圍處色彩顆粒大且粗，戴上後眼珠的色澤看起來比較醒目，這種彩色隱形眼鏡非常適合拍照，它的顏色會相當明顯，上鏡效果極佳。

女人味十足的包包

一個女人的包包，體現著她的生活品味和生活態度，其魔力足以令平凡的打扮變得時尚而有品味。包包也是個性和審美情趣最富有張力的表現語言。包包可以成為搭配服飾的一種強而有力的補充物，服飾中的一些缺陷和不足，可在包包中得以彌補。

包包的美可以從多方面表現，比如外形、質地、背帶、佩件、掛件、圖案等。不同材質的包包，有不同的形象。表面的紋理和光澤還會強化包包的立體感，因此有「遠看其形，近看其面」的說法。

香水

香水之於女人意味著什麼，一百個人有一百零一種答案。但是，詩人保羅‧瓦勒里說：不噴香水的女人沒有未來。於是時尚界出現了 NO.5 香水，性感女人瑪麗蓮‧夢露可以大聲向世界宣布：我裹著 NO.5 入睡。既然女人是水做的，當然注定和香水這種特殊的水也有著與生俱來的緣分。

當然，使用香水並非只是向男人獻媚，吸引異性只不過是一個功能而已。對於多數女人而言，香水更是一種特殊的符號和標幟。

身為女人，寧可不用，也千萬不能選擇那些廉價的香水。高級香水的味道，是經過專業的調香師千百次實驗的結果，不是任何廉價產品所能匹敵的。

檢視衣櫃、關掉手機、早睡一小時

單身的休息日，怎麼度過？參加朋友的婚禮？等待女友的約會？一個人的 KTV？還是獨自加班？如果你是正在準備突圍的「剩女」，那麼不妨在你忙碌的日程表中，抽出點時間，來做一下功夫，向著「雙人床」邁進！

整理衣櫃

信不信整潔的衣櫃會讓你增強魅力指數和信心？

衣櫃是一個儲存和製造美麗的地方，打造你美麗的基地，從穿衣鏡裡迎出來的你應該是最原本的你。

那麼，好衣櫃的基礎是什麼？答案是，一目瞭然。

因此，首先要讓你的衣櫃秩序良好。試著讓你的衣櫃像辦公桌一樣分門別類，排列有序，可以用顏色、類別或季節區分，不過，在混搭越來越流行的年代，季節性服飾似乎變得越來越模糊，因此，最好的方式是用顏色區分，這樣可以應不同氣候或需求作不同種類的搭配。

你可以選擇數位相機來幫助自己整理衣物，將衣物拍照直接存在電腦裡，在電腦裡做分類，電腦有了衣櫃檔案，以後新買衣物隨時輸入進去，衣櫃變得更有智慧，甚至你可以嘗試搭配方法，在自己衣櫃檔案裡玩穿衣遊戲。

最後，也是最重要的一點，為什麼我們要整理衣櫃？當某位男士突如其來地想要和你約會時，你可以第一時間打開衣櫃，不用猶豫，不用比較，從容不迫地選擇一套衣服，大方得體地出現在他面前。比起那些至少需要兩小時以上時間準備的女人，你猜男人更會為誰動心？

第三週　籌備週─刷新外表，擊敗「女魔頭」的八大醜態

整理隨身背包，隨時應對新約會

　　背包就是女人的小世界，如果條件允許，或許 80% 的女人恨不得自己的家都裝進去。也正因為如此，女人的背包就是男人的禁地 —— 怎一個亂字了得。要想避免尷尬，不妨在約會開始前，也整理一下自己的背包。我知道，你有太多的東西要裝進背包，但是拜託，如果你是去約會，有以下東西，就已經足夠了。

★ **一瓶水**：女人是水做的，多飲白開水，是保持身體健康和美容養顏的第一要素，在包裡放上一瓶水，以便你在奔波的路上也能盈盈滋潤和口氣清新。同時自帶飲水，也充分展現出你熱愛環保的精神，既能解決自己的口渴，又能展現自己的優點，何樂而不為呢？

★ **清潔用品**：包括紙巾、濕紙巾、吸油面紙、口香糖等，它們能讓女人時刻保持神清氣爽和乾乾淨淨，身體上的舒適也能夠帶來更好的心情，尤其是當熱情燃燒的時候，你就知道，口香糖有多麼重要了。

★ **化妝包**：無須多說，化妝包在女人的背包裡必不可少，但是我們要提醒你的是，考慮到背包的空間，盡量縮減你的化妝包是很必要的。多功能的 BB 霜、隨時補妝的口紅和唇彩、優雅的香氛已經足以支撐起你的化妝包了，因為你是要去赴約，不是要去展示你的化妝技巧。

★ **備用絲襪**：絲襪美腿是一大風景，但絲襪絕對是消耗品，所以在包包中放一雙備用的絲襪也應該成為女人的好習慣，細節上的精緻美麗往往才是真正的魅力。

★ **保濕噴霧**：富含礦物質和微量元素的噴霧，能夠阻止皮膚早衰，修復紫外線對細胞造成的損傷，保護皮膚免受自由基的侵害，特別適用於空氣乾燥的氣候和環境，讓你的皮膚也能時時因為喝足了水而熠熠生輝。

★ **保險套**：誰說保險套一定是由男人負責，對於隨時可能發生豔遇的約會來說，誰知道你的防線會在哪個懷抱裡被甜蜜地攻破呢？上床後女人更應該能做到優雅地下床，自己先學會保護自己，好過總指望著男人對你負責。

★ **防狼噴霧劑**：沒人能保證和你約會的男人到底是何方神聖，所以，這個還是帶上吧！碰到不懷好意的色狼，手上好歹也有個防身的武器。

早睡一小時，安撫你的荷爾蒙

1 小時、60 分鐘、3,600 秒，對於職業女性來說，可能談成一宗上千萬的生意，可能完成一項意義重大的專案，可能給對手最致命的一擊，但是，一小時也可能讓你迅速衰老五歲。

拜倫在兩百多年前就曾說過：「早睡早起最能使容顏美麗，少花錢在化妝品上。」充足的睡眠對於女人尤其是大齡剩女來說有多重要，也是不言而喻的。可是話雖如此，工作、人際關係、失眠……很多問題總是纏繞著女性，讓她們與所謂的美容覺失之交臂。

而另一些極端分子則認為，既然要早睡，那麼，越早睡覺皮膚的修復時間就越多，但實際上皮膚的新陳代謝功能從晚 10 點開始到凌晨 2 點之間才是最為活躍的階段，在這幾個小時裡，如果能夠保證睡眠，同時使用適合自己的抗衰老護膚品，睡眠就變成了貨真價實的「美容覺」。如果你的睡眠時間寶貴到只有幾小時，那麼我們強烈建議你放棄一些夜生活，將入睡時間安排到晚 10 點到夜間 2 點。記住，工作是做不完的，美麗卻隨時需要保值。

第三週　籌備週—刷新外表，擊敗「女魔頭」的八大醜態

早起十分鐘，畫個精緻桃花妝

一個完美的妝容，不一定是清透乾淨的裸妝，可以是誇張的睫毛或是性感的紅唇。只有表現出自己獨特個性魅力的妝容才能吸引所有人的目光，成為萬眾矚目的焦點！桃花面容杏仁眼，絕對是任何一個男人都逃不掉的。不過所謂「桃花」也是見仁見智，如果千篇一律，那一定是男人被施了某種巫術，否則只要各位剩女按圖索驥，早就找到了自己的白馬王子了。

雖然桃花妝不是定律，但也不是無跡可尋，至少以下這些男人的普遍共識，你不要去輕易挑戰哦。

好皮膚最是基礎

我們無論是化淡妝也好，還是化亮麗的彩妝也好，只有好皮膚才是基礎。在男人眼裡，小雀斑可能是健康的表現，笑起來有點小皺紋可能是率真的表現，可是痘痘曝光得太早，就要嚇跑男生了！所以，身為女性，想要光鮮動人，首先要做好日常的基礎護膚，維持肌膚的基本條件，然後略施粉黛就可以楚楚動人。

為痘痘臉遮瑕

在一項針對一千名男士的調查中顯示，男人對肌膚瑕疵最不能接受的就是 —— 痘痘滿臉。但是對於剩女們來說，早已經過了青春痘滿臉飛的年齡，所以一般來講痘痘都是偶爾光顧的好朋友，而不會形成頑固，所以如果不能避免痘痘如期約會，那麼最好做好遮瑕，再上妝。此外，遮掉痘痘只能是均勻膚色，不可能使痘痘平整，所以不要遮太厚，反而不自然。

健康氣息惹人愛

我們一直在強調底子，其實除了自身好條件之外，選對粉底也是非常重要的。粉底不是一種美白產品，如果你沒有天生的白皙肌膚，就不要企圖用粉底來改變膚色，那樣只會顯出自己的缺點，除非你在自己的全身都刷滿粉底，並且保證它們永不脫色。越是接近自然膚色的粉底，越會顯得健康動人。

眼睛大一點，成功多一點

看一下那些豪門貴婦們，都是一雙大眼睛。從面相學分析：眼睛稍大，眼珠黑白分明的女性，會讓男人覺得天真、開朗、帶有孩子氣、進退有禮，沒有令人難以忍受的傲氣。

所以對於女人來說，要懂得用眼神傳情，如果不會，至少用化妝讓雙眸有味道。一條咖啡色眼線＋幾束假睫毛，立刻能讓眼睛放大！千萬不要用黑色眼線框住整個眼睛，因為你的目的是要迷死他而不是殺死他。

粉紅腮紅提升戀愛運

所謂「粉面桃花」，想要用妝容幫助自己惹桃花，粉紅色的腮紅不可少。淡淡的粉紅色可以大肆地渲染，不過玫紅色、朱紅色，可就會暴露你的真實年齡了，建議還是謹慎使用。

不要害怕，用純正的桃紅色，大肆地在臉頰上大面積地打上腮紅。面積不妨大一些！可以從下眼影的位置開始，桃紅色可以一直掃至太陽穴位置！儘管我們通常在化妝時都不會把修容打到這麼大的範圍，但這樣做的確會有提亮面部的效果。

第三週　籌備週—刷新外表，擊敗「女魔頭」的八大醜態

水嫩雙唇讓他想靠近

　　水嫩雙唇會讓他很想靠近！不要帶著沒有任何妝點的裸唇就出門。當你離開房間前，請記得先塗一點唇彩或者唇膏，哪怕是輕描淡寫的一點。你不是非得一板一眼地完成整個工序，但是一點明亮的色彩就能讓你看起來既年輕又有活力，還分外親切可愛。想要惹桃花，其實閃亮很重要，是要保持亮度，所以唇妝自然加點亮度即可。

明眸皓齒是你的招牌

　　對於男人來說，沒有什麼比一個淡淡的微笑，露出一排潔白的牙齒更有吸引力了。即便你是胸平如板，也沒關係，只要你擁有燦爛的笑容，對男人絕對是秒殺。如果很不幸，你有一口亂七八糟的牙齒，而在你小的時候，你的父母並沒有帶你去做牙齒矯正。那麼現在請你毫不猶豫地跑到牙科醫生那裡，立刻為牙齒做個矯正和美白。哪個男生不喜歡有燦爛笑容的女孩呢？

化妝祕訣：少即多

　　你應該已經知道：所謂裸妝，不是真的讓你素面朝天，清湯掛面，所謂的化妝也不是像作畫一樣把油彩塗抹在臉上。妝要化得智慧，其實是越淡越好。不要羨慕那些所謂的明星妝，他們只是為了搭配攝影機和閃光燈。記住，多數男人寧願他們的妻子只是做簡單的妝點。也許你花了一個小時打扮自己，他卻迷失了你本來的樣子。花點時間，選擇一種最適合自己的化妝方式，做到「濃妝淡抹總相宜」。

性感塑身，形神兼備

　　別擔心，這個世界天使很多，不是每種魔鬼身材，都會讓所有男人喜歡。你未必一定要豐胸、翹臀、細腰，真正的完美身材，其實是一種生活態度。如果你愛自己的身體，也希望有一個男人來愛它，那麼就不要放縱自己的身體和嘴巴。不管你有多少藉口，每週至少給自己一個小時的時間，選擇一種喜歡的運動，在幫助自己塑身的同時，也讓自己身心健康地隨時準備迎接他的到來。

時尚瑜伽，塑型又塑「性」

　　確切地講，瑜伽對於女人，是一種生活多於瘦身的手段。我個人也不認為瑜伽是一種效果明顯的減肥方式。瑜伽這種古老而神祕的運動，更像一種修行，它讓女人更加的氣定神閒，充滿自信。經過練習瑜伽和冥想，並輔以美妙、舒緩、優雅的音樂，你將會把所擁有的女人特有的特質發揮、拓展到極致，如天上的繁星一樣熠熠生輝。瑜伽永遠能讓我們體味到生命的無限張力與自在悠閒之間的和諧統一，敏捷迅猛而又平和安寧，輕鬆自在而又意氣風發。

　　其實，瑜伽對於女人來說，最微妙的作用不只是塑型，更是塑性。包括骨盆、臀部、腹肌和一組稱作恥尾骨肌群在內的肌肉，被稱為「性核心肌肉」或稱「PC」肌群的內部肌群。大量調查顯示，加強 PC 肌群的力量會增強你和伴侶的性快感。對女性來說，PC 肌群的力量和性高潮有直接關係。

第三週　籌備週─刷新外表，擊敗「女魔頭」的八大醜態

性感拉丁，增加嫵媚風情

　　英國作家巴里曾說「魅力彷彿是盛開在女人身上的花朵，有了它，別的都可以不要」。而舞蹈，則是女人魅力常駐的祕訣，天生柔軟的女人一定會迷戀自己，以卓越風姿舞出骨子裡的嫵媚和內心的期待。而拉丁舞當之無愧是如今健身房裡的搶手課程。這除了它神祕的起源，也和它性感的風情脫不了關係。

　　有人說，「拉丁」是催生愛情的魔法舞蹈；也有人說，「拉丁」很風騷，是穿著衣服的性挑逗，但這只是拉丁舞的附加功能，它本身是一項絕佳的健身運動。跳拉丁舞能充分釋放情緒、減輕壓力，同時消耗大量脂肪，對身材塑型尤其是腰、腹、臀部曲線塑造作用明顯。而且，拉丁舞學起來很容易，只要學會基本舞步和架勢，就可以跳出自己的風格。如果要羅列出愛上拉丁舞的理由，想必會有各式各樣的理由。但不可否認的是，拉丁舞特別適合等待愛情降臨的女人，當音樂響起，身體隨著節奏嫵媚地擺動起來，那就是性感而真實的女人。

拳擊有氧，小暴力中的女人味

　　自從《我的野蠻女友》上映之後，女人們似乎都已經甘願放下淑女的身段，暴露性格中的小暴力。其實這種巨大的反差更讓習慣了溫柔鄉的男人如痴如醉。所以你看，「拳擊有氧」這種剛性的運動也成了女性健身的不錯選擇。

　　這種配合音樂節奏揮拳、踢腿的有氧運動，由於瞬間爆發力強、肢體伸展幅度大，運動量比傳統的有氧運動更大，跳個 15 至 20 分鐘，約相當於 30 分鐘的有氧舞蹈，至少可消耗兩三百卡熱量，對於想減肥的女人來說，堪稱是效果十足的「瘦身」運動。與此同時，拳擊有氧的揮拳、踢腿

動作，也有助於紓解壓力。現代人普遍工作壓力大，身為剩女壓力更是不言而喻，想「揍人」的念頭不時浮出腦海，可是這個世界上可沒有那麼多免費的「人肉沙包」，但是拳擊有氧，這種有氧運動出拳時，要求腹肌收縮、大吼一聲，不但可鍛鍊到平時不易使用的腰腹肌，用力出拳、大吼大叫都是紓解情緒的好方法。透過這種方法宣洩情緒，讓體力適度消耗。

最後給你一點小提示，拳擊有氧在幫你保持身材的同時，也可能成為單身的你的一種防身術哦。

耐力慢跑，提高你的肺活量

剩女的第一大忌是什麼？沒有耐心，堅持多年的原則，迫於種種壓力，隨便找個人便草草嫁掉，為的就是趕快和「剩女」劃清界限。這未免有點殘忍，但事實上不是每個女人都有足夠的耐心等待自己的王子的。所以，你現在最需要的，除了勻稱的身材，還要磨練自己的耐力，而沒有什麼比慢跑更有用的運動了。

慢跑是一種簡單易行的運動方式。輕鬆的慢跑運動，能增強呼吸功能，可使肺活量增加，提高人體通氣和換氣能力，慢跑時所供給的氧氣較靜坐時可多 8 至 12 倍。早晨或是傍晚，找一條適合自己跑步的小路，在周圍綠色的陪伴下燃燒脂肪，說不定，在跑步的同時，還能遇到一個志同道合的運動伴侶哦。

減一餐，蔬果排毒

少吃，除了會瘦一點，其實還有一個更重要的好處，是可以幫助女人排毒。人體其實就是一個巨大的垃圾場，每天我們吞噬著各種看不見的細菌，可是如果你是在一直吃（每日三餐），那麼你的腸胃就像 24 小時無

休的機器一樣，一直轉個不停。由於生理原因，女性比男性更容易產生便祕。而便祕對於女人來說，無疑是美麗的最大殺手——新陳代謝紊亂、內分泌失調及微量元素不均衡，從而出現皮膚色素沉澱、搔癢、氣色不好、毛髮枯乾，並產生黃褐斑、青春痘及痤瘡等。所以，是時候給自己的身體做一次排毒了。

每週減一餐，輕鬆排毒又養顏

人的胃腸就像是一個倉庫，可以儲存食物。如果舊的食物儲存過多就會導致新的食物無法順利進入，如果腸道時刻處於工作的狀態，總有一天它們也會罷工。同時，如果吃得過多過好，不僅營養過剩，增加脂肪堆積，還會因為舊的食物不能及時排出、積滯在腸道內像貨物一樣腐爛變質產生毒素，給身體帶來危害。

每週選擇一天或兩天不吃晚餐。最好選擇中午吃得比較多，或中午吃飯時間較長的一天，如果實在飢餓難耐可以吃點水果或蔬菜。這樣，頭天不吃晚餐，腸胃經過近 16 小時的排泄休整，到第二天早晨就可以將食物基本排空。就如跟我們在每個週一，精力都特別充沛一樣，放假之後的腸胃將更加地動力十足。

所以，每週餓一餐，不僅讓我們的胃腸道得到一次充分休息，功能也得以恢復，此外還可以幫助我們排毒減肥，光彩照人，而且對緩解失眠、憂鬱也有一定好處。

輕熟女不可或缺的排毒水果

★ 櫻桃（熱量：46 卡 /100 克）：櫻桃的果肉能去除毒素和不潔的體液，因而對腎臟排毒具有相當的輔助功效，同時還有溫和的通便作用。選

擇時，最好選擇果實飽滿結實、帶有綠梗的櫻桃。

★ 葡萄（熱量 43 卡 /100 克）：現在幾乎一年四季都能吃到的深紫色葡萄，也具有排毒的效果。它能幫助腸內黏液組成，幫助肝、腸、胃、腎清除體內的垃圾。唯一的小缺點是熱量有點高，40 顆葡萄相當於兩顆蘋果的熱量。

★ 蘋果（熱量：52 卡 /100 克）：如果怕胖，蘋果是不錯的選擇。除了豐富的膳食纖維外，它所含的半乳糖醛酸對排毒很有幫助，而果膠則能避免食物在腸內腐化。選擇蘋果時，別忘了常換換不同顏色的蘋果品種，效果更好。

★ 楊桃（熱量：29 卡 /100 克）：大餐後吃幾片楊桃解膩是最好不過了。而且楊桃是一種營養全面的水果，對減肥也有奇效。楊桃中含有的大量草酸、檸檬酸、蘋果酸等能夠促進消化，所含有的纖維質及酸素能解內臟積熱，清燥潤腸通大便。

★ 草莓（熱量：30 卡 /100 克）：草莓中含有大量的維他命和果酸，在一定程度上滿足了人體生理的營養需求，而果酸也能夠有效地增加胃的飽和感，有一定的減肥功效。

★ 檸檬（熱量：35 卡 /100 克）：檸檬汁向來是女性們公認的瘦身飲品。可以舒張軟化血管，加速血液循環，還可以增進胃腸消化功能。這樣就可以消除體內積滯多餘的皮下脂肪，達到減肥目的。

★ 芭樂（熱量：41 卡 /100 克）：芭樂營養豐富，維他命 C 是柑橘的 8 倍之多，種子中鐵的含量更勝於其他水果，而且芭樂還是一等一的減肥水果，還可以輔助治療糖尿病。

★ 柑橘（熱量：42 卡 /100 克）：柑橘是春季人們經常食用的水果，它不僅酸甜汁多，有止咳的功效，還是很好的低卡路里減肥食品。柑橘

中所含的果酸、檸檬酸和維他命 B 都對瘦身有很好的功效。

★ **水梨（熱量：46 卡 /100 克）**：汁多香甜、清爽可口的水梨，含有豐富的膳食纖維和果膠，有助於排出體內堆積的廢物，預防便祕。

★ **火龍果（熱量：51 卡 /100 克）**：火龍果含有豐富的粗纖維、膳食纖維以及具有提升新陳代謝功效的 B 族維他命。此外，火龍果還富含一般蔬果中較少的植物性白蛋白，這種有活性的白蛋白會自動與人體內的重金屬離子結合，透過排泄系統排出體外，從而很好地排毒。

★ **香蕉（熱量 87 卡 /100 克）**：香蕉可謂是減肥水果之王，香蕉富含膳食纖維，可以刺激腸胃的蠕動。香蕉極易消化、吸收，且能長時間保持能量。而且香蕉還有很好的飽足感。

給你的皮膚也減一餐

有調查顯示，有一大半人其實都屬於因為長期亂用保養品，導致皮膚角質層變薄、皮膚代謝不正常、皮膚對外界刺激的抵抗力開始降低。所以你總是抱怨：「用什麼保養品好像都過敏」、「廣告又欺騙人了」……為了讓身體排毒，我們可以嘗試每週少吃一餐，其實我們的皮膚也一樣。每天，我們會使用各種化妝品掩蓋我們的臉，肌膚同樣會感覺到疲憊。所以，每週也找一天給肌膚放個假。不洗臉、不化妝，讓肌膚得到徹底的放鬆。這樣可以將肌膚從頻繁的化妝和護理中解脫出來，從而使肌膚本身的自我治癒能力得到提升。

很多人會擔心，不洗臉，臉就會很髒，其實，這是一個迷思，肌膚本身具有自我清潔的能力，過分的肌膚護理反而會導致這種天然能力的退化。甚至有很多達人都試過「裸臉」14 天至 1 個月，讓肌膚恢復到最原始自然的狀態，只是偶爾用清水潔面，一段時間之後，竟然治療好了頑固

的痘痘。這樣神奇的效果當然也要因人而異，但至少做到每週給肌膚也減一餐，有益無害。

快樂小「煮」婦，抓住他的心還要抓住他的胃

有一首歌叫〈我要為你做做飯〉：「我要為你做做飯，我要為你洗洗碗，然後滴一滴汗，滴在愛的湯；我要為你做做飯，我要為你洗洗碗，然後滿懷期望，看你都吃完……」如今不知道聽著這首歌的人，有幾個體會了其中的真諦。抓住他的心還要抓住他的胃，不是媽媽們告訴你的「要抓住男人的心，就要先抓住男人的胃」。這兩者之間先後順序的不同，就是愛情觀的天差地別。

依靠抓住男人的胃，去抓住男人的心，這愛未免有些卑微。而如果愛都沒有了，抓住一個空蕩蕩的胃，無疑把自己置身於免費大廚的位置。而阿妹妹的觀點，顯然要更符合現代女性的愛情觀。

身為大齡敗犬女，她們能夠找出一堆不肯下廚房的理由，可是當一個女人肯放下身段，擠出時間，不怕油煙為男人做一頓飯，那麼只有一種可能，她是真的愛上這個男人了。只有真心愛一個人，才會沒有任何理由地願意把汗水滴在愛他的湯裡。

別把話說得太絕，我曾經遇到過太多女人信誓旦旦地說：「結婚後我一定不下廚房」、「我要找到一個肯為我做飯的男人」，可是當她們真的怦然心動的時候，便開始偷偷地翻看各種烹飪食譜，或者開始關注那些美食節目。所以你也不要在這裡暗自搖頭，民以食為天，吃飯，是兩個人生活中必不可少的一個環節，總不能每天都泡在餐廳裡，你也想有一天在他面前大顯身手，讓他大吃一驚，所以從現在開始，就要為自己的廚藝作準備了。你可以不熱愛做飯，你可以不喜歡下廚房，你可以發誓不碰柴米油

鹽，可是親愛的，當你真的遇到那個將和你用一輩子時間去享受的伴侶，你會想要為他做做飯。

做飯的女人最美麗

據說在男人眼裡兩種女人最美麗，一是正在看書的女人，二是正在做飯的女人。想想那些經典電影中的鏡頭，當女主角手拿鏟子站在廚房，專心地煮飯，男主角從後面悄悄襲擊上來的纏綿鏡頭，你就知道，這話絕對有道理。

雖說做飯不是女人的專利，但是，男人打從心裡還是希望女人會做家事會做飯，男人心目中理想的女人是「上得了廳堂，下得了廚房」。女人在骨子裡就是應該溫柔善良和賢淑的，為人妻、為人母的溫柔從來都沒有離開過女人。穿上漂亮圍裙，挽起縷縷長髮，走進廚房，打點出絕妙美味，與愛的人一起分享，又何嘗不是女人的另一種韻味呢！

調查顯示，女人不會做飯婚後生活的幸福指數會降低，男人骨子裡還是喜歡女人能照顧好他的起居和飲食的，男人也會把老婆會做一手可口的飯菜，當做是一種驕傲和自豪，在朋友面前，他也會時不時拿出這些向他的朋友炫耀……

三分鐘搞定的驚豔美食

如果說了這麼多，你還是鐵了心，不想染指廚房，那麼只需要花費你三分鐘，就能搞定的美食，你總要學幾樣，以防萬一，當心儀的男人提出去你家共進晚餐時，就是你大顯身手的良機。這幾種菜品的組合，足夠你擺設一桌豐盛的晚餐了。

★ **紅酒雪梨**：這道菜，簡單易學。把雪梨去皮、去核、切片，倒上紅酒，裝進保鮮盒，放進冰箱，浸泡一宿，就可以享受了。這道菜的特色是只要你能選擇品質較好的雪梨和紅酒，相信這口味就不會難吃到哪裡去。而且被紅酒浸透的雪梨，白裡透紅，一口一口咬下去，讓人多了幾分迷醉，實在是最有情調的佳餚之選。

★ **煎牛排**：只需去超市選擇醃製好的半成品，在平底鍋裡放入少許的油，微微燒熱，兩面煎熟即可。這道菜最大的特色是，牛排有不同的熟度，即便是真的沒有煎熟，也可以硬著頭皮說 —— 我愛吃三分熟的牛排。只要點上蠟燭，在燭影中，簡單的牛排也會被浪漫氣氛烘托得色香味俱全，讓他分不清你是不是真正的廚藝高手。

★ **可樂雞翅**：或許，這道菜對你來說有些複雜，因為可樂雞翅絕對不是把雞翅放在鍋裡加上可樂就能燉出來的。為了色澤和口感更好，你需要加上兩個步驟，第一，用刀在雞翅上畫出十字花，再用油稍稍地把雞翅在鍋裡翻炒幾下。然後倒入可樂，小火慢燉。這道菜的最大特色是可樂會軟化肉質，所以菜品口感特別好，同時煮沸了的可樂會變得非常黏稠，包裹在雞翅外面，賣相也很好看。完全是一副「美女私房菜」的模樣。

★ **愛心湯煲**：湯是最能拴住男人的胃的，因為即便是食材相同，不同的女人煲出來的湯也絕對不同。煲湯沒有一定的要求，你只需要選擇喜歡的食材，處理乾淨，放在湯煲裡，小火慢燉，三個小時左右就能熬製出美味的湯，你唯一要注意的就是食材的屬性，避免那些相剋的食材就可以，小提示是，漫長的煲湯時間，你們還可以做很多事情哦……

第三週　籌備週—刷新外表，擊敗「女魔頭」的八大醜態

★ **優格冰淇淋**：注意這不是真的冰淇淋，但是你絕對可以把新鮮的水果切成小塊，然後和優格一起倒入攪拌機內攪勻，然後放入冰箱的冷凍庫裡，只要 10 分鐘左右，當優格微微凝固即可，切忌時間過長，因為冷凍後會讓優格中的不同成分分離，完全失去口感。想一下，當你用舌頭微微舔著上唇的優格，對他來說，是多麼的誘惑。

刷新你的回頭率

女孩們，是時候拿出自信了，那些男人瞥過來的目光，就是為你準備的。又是一個週末了，如果你這一週都在為自己的美麗加分，那麼你的付出是時候得到回報了。現在你需要做的只是多一些準備，因為愛情隨時都會降臨。

多帶一件約會衣

對於職場女性來說，很多企業都有規定，週一至週四要求商務正裝，週五可以商務便裝，如果沒有這個規定，當然可以隨時讓自己穿著能夠展示個性，又適合工作的服裝就好，但是如果你不幸身處一個務必要著正裝的公司，也沒關係，記得在你的皮包裡帶一件適合約會的衣服，這樣，即便是你在星期五的下班前，接到約會通知，也不會亂了陣腳。

換上一雙舒適鞋

忙碌一週之後，身心俱疲都已經寫在了你的臉上，有什麼辦法讓自己能夠迅速地恢復能量？答案是一雙舒適的鞋子。如果你已經穿著象徵權力和地位的「恨天高」走了一週，那麼週五的時候，換上一雙舒適的低跟甚至平跟鞋，腳底舒服了，渾身都會舒服，熬夜加班的辛苦也會舒緩不少，

在休息日來臨前，一雙舒適的鞋子足夠讓你的剩餘體力，度過一個神采奕奕的星期五。

強迫自己持續約會

約會是一種良好的生活習慣。它不僅僅能幫你找到一個好男人，也能拓展你的人脈，打發無聊時光。無論如何，總比一個人在家裡發呆要好得多。如果沒有鎖定的對象，也不要悻悻地回家，那就在工作的空檔約約女性朋友，哪怕只是一起喝咖啡，也能讓自己保持良好的狀態。

對加班說聲不！

如果你不是想要發展一段辦公室戀情，那麼就不要總把自己的週末浪費在加班上。即便是從工作的角度來看，加班除了說明你勤奮之外，可能還在暗示你的主管，你的能力不夠強，沒有足夠的能力在工作時間內完成工作。所以記住，週末可是你尋找「獵物」的黃金時間，堅決地跟加班說不吧！

第三週　籌備週─刷新外表，擊敗「女魔頭」的八大醜態

第四週
獵婚週 —— 全面出擊

第四週　獵婚週—全面出擊

　　人的一生充滿各種選擇，選擇有積極的，也有消極的。婚姻也是一種人生的選擇，「執子之手，與子偕老」，選對人很重要。獵婚，並不是貶義詞，而是代表一種積極主動的態度。在社會競爭日益激烈的今天，女性主動出擊，將終身幸福掌握在自己手裡，是聰明的決斷。

好習慣幫你找到他

　　首先，我再強調一遍那句老生常談：嫁掉的女人都一樣，剩下的女人卻各有各的理由。在抱怨好男人都跑到哪裡去了，或者男人是不是都瞎了眼的時候，有沒有審視一下自己？其實你在這三十年的生活裡，已經養成了很多「惡習」，也正是這些「惡習」讓男人望而卻步。要想找好男人，首先要養成好習慣。

拒絕魚乾女，不做老宅女

　　首先讓我們再次解讀一下，什麼是魚乾女、宅女。

- ★ **魚乾女（年齡 20 至 30 歲之間）**：特徵是不談戀愛，不喜歡化妝，不愛出門，很少與陌生人打交道，愛上網，生活有點悶騷。
- ★ **宅女**：特徵是完全封閉在自己的世界中，睡到中午爬起來隨便弄點東西吃，接著再躺到床上，晚上吃點東西，然後看看漫畫、玩玩收藏，當然整天的時間都會看到她掛在網路上，很少說話卻總有身影……
- ★ **剩女（年齡 25 歲以上）**：特徵是高學歷、高收入、高年齡、喜歡宅，如果你還記得小學數學課上老師在黑板上畫過的那個關於交集的圓圈，那麼就請動手，將魚乾女、宅女、剩女的共同特徵圈起來再看。

雖然這並不是科學的統計，但是至少清晰明白地告訴我們，大部分的剩女，前身都是魚乾女和宅女。

主動敲響你門的男人，不外乎是送快遞、收水費、維修工人，還有可能是聖誕老公公，如果你想從他們之中挑選一個成為你的丈夫，那麼就請你繼續偷懶、宅著不動。否則，請推開房門，好男人是不會從天而降，穿過你的屋頂掉到你的床上的。即便真的有，那也是金城武版本的大天使，遲早，他還是會飛走的。

常去固定的便利商店

你可能並不覺得便利商店裡會有什麼大玄機，無非是為了方便，隨便就近去哪家就可以。聽聽莉莉是怎麼在便利商店裡找到愛情的，你也會改變自己的習慣的。

莉莉的生活很簡單，公司下班，去固定的便利商店買點晚餐和第二天的早餐，然後回家，然後上班。她甚至並沒有注意到，自己這種生活已經成為了一種習慣。這樣單調的生活，讓她自然地流入剩女的行列。直到有一天，她買完東西結帳時，發現自己忘了帶錢包，身後竟然有一個男人挺身而出，主動為她付了帳。

原來這個男人也是這家便利商店的常客，他曾幾次和莉莉相遇，只是彼此都沒有刻意地留意對方。男人之所以放心地幫助莉莉結帳，是知道，莉莉明天還會出現在這家便利商店。果然第二天，莉莉準時出現，把錢還給了男人，可是天公似乎又很作美，適時地下起了小雨，便利商店距離莉莉家還有一定的距離，男人主動提出開車送莉莉回了家。

從此，內向的莉莉開始注意便利商店裡常常出現的這個男人，兩個人也會一起選購一些商品，她發現男人買的食物和自己差不多，無非是些泡

第四週 獵婚週─全面出擊

麵、牛奶麵包之類的速食品，一看就知道是單身漢一個。終於，莉莉鼓足勇氣提出要和男人一起吃一頓大餐。雖然只是含糊的表白，卻也給了男人很大的鼓勵。很快兩個人自然地開始交往了。

　　和便利商店裡的男人戀愛，是不是顯得有些輕率？莉莉才不這麼認為。其實莉莉早就偷偷地觀察過了。

★ 這家便利商店周圍都是高級社區。男人常常出現，絕對不會是路過，肯定是某個社區的住戶，所以經濟實力應該不會太差。

★ 男人常常出現在便利商店買晚餐，說明他的生活很規律，不會常常半夜出去鬼混。

★ 男人雖然也是買一些泡麵、牛奶之類的常規商品，但是卻很在意品牌，說明他很有品味，注重生活品質。

★ 莉莉從來沒見過男人在便利商店裡買過菸、酒，說明他很可能不吸菸、不喝酒，生活健康。

　　這麼多理由，都被莉莉看在眼裡，可見莉莉的生活雖然單調，但卻絕對不是無腦。而莉莉的故事也至少告訴我們：

★ 去固定的便利商店，說不定有某個男人正在暗中注視著你。

★ 去固定的便利商店，說不定你能發現一個和你一樣正值單身的男人。

★ 在便利商店裡遇到的男人，多數是生活單純規律讓人放心的男人。

　　如果你還沒有養成這樣的習慣，不如試著改變一下吧！便利商店，不僅僅是提供生活上的便利，或許它也為你的愛情指出一條捷徑。

女人一定要有飯局

一個優雅，知性，成熟的現代女人，飯局是生活裡的必需品，它就像一個小世界，讓女人活得更加的滋潤。飯局並不等於「約會」，無論是同事、朋友、閨蜜、家人……不限定對象，如果有時間，你都可以接受。

● 飯局對女人是督促

應付飯局，不是一件簡單事。如果一個女人只知道打扮漂亮地去了，那她只成功了一小半。腦袋裡空無一物，別人聊什麼都接不上話，那就像個呆滯的花瓶一般尷尬。想要在飯局中不失去面子，就要內外兼修，不斷地更新自己。飯局會時刻督促你，讓你成為一個外修貌、內修慧的好女人。

● 飯局是對女人的磨練

飯局裡，飯不重要，重要的是交流，一頓飯下來，腦袋裡裝滿了新聽到的知識，學到的是與別人交流的技巧，在與人相處時應對自如。它會讓你更加靈活地應對各色人等。見過世面的你也不會因為會議上要講幾句話，就緊張得全身顫抖了。那個扭扭捏捏的小女人已經變得沉穩了許多，見過了大場面，不會再當眾發言都聲音顫抖，更不會連敬一杯酒都面紅耳赤，點個菜也吞吞吐吐。

● 飯局是對女人的滋潤

在飯局的你來我往之中，你也會逐漸地發現自己很多以前不知道的優點，從而變得自信，美麗。

第四週　獵婚週─全面出擊

● 飯局是女人的發展

每天的進步和內外兼修，會讓你不斷地蛻變成一個出色的女人。如果宅在家裡，那見到的永遠只是收電費的大叔和賣菜的大嬸。走出去，毋庸多說，每多一個朋友，就多一個可能。

● 有飯局，才有機會

當然這可能才是你最關心的，飯局不是約會，但是卻很可能是約會的前奏。飯局上你既可能遇到和你有發展的異性，你的「局友」也更可能深諳你心，開始熱情地幫你尋找約會對象。總之，這絕對是個機會。

在女人成長和走向優秀的道路上，飯局的作用是重要的一筆。它是一種綜合能力的訓練，讓你逐漸轉變得與眾不同。

每天都和你一起的晨練男

如果你有晨練的習慣，恭喜你，又多了一個結交朋友的機會。別以為早上起來跑步的男人大多是中年大叔。跑個步，喝杯咖啡，然後精力充沛地開始新一天，越來越多的熟男都已經愛上了這項自然、低碳又健康的運動。

如果已經決定了選擇一種運動來健身，不如試試晨跑，如果每天都有那麼一個護花使者一路追隨你，不如試試和他搭訕，說不定他可是在窗口注視你多時，才勇敢地走出來，和你一起結伴的哦。

再給你點提示，如果你既不想運動，也不想守株待兔，那麼如果你發現有個長相還不錯的男人每天從你家樓下跑過，那麼別害羞，別猶豫，加入到其中。為了他去晨練，雖然目的不純，可是結果未必不好哦。

培養一種嗜好

這可不僅僅是為了他，對某一事物的嗜好，能讓女人由內而外散發出與眾不同的氣質。而男人對和自己志同道合的女人往往最沒有抵抗能力。

艾倫就是在登山時遇到自己的丈夫的。35歲的艾倫早就到了結婚生子的年齡，可是她卻仍然固執地等著自己的真命天子，不肯委屈下嫁。因為對登山運動的熱愛，艾倫的節假日幾乎都被登山占得滿滿的，這讓她感到充實，而不覺得自己是個大齡剩女有多難受。可是就在一次登山中，她遇見了現在的丈夫，兩個人相約用七天的假期去征服喜馬拉雅山，七天裡他們實現了願望，也建立了感情。她的丈夫也坦言，這麼多年，他一直在等待一個和自己志趣相投的女人，所以幾乎是第一眼就被艾倫登山時的颯爽英姿所吸引了。

看吧！如果你不想找到另外一個「自己」，你的嗜好還是能夠讓他徹底著迷。

小璐是個不善言辭的女孩，又天生害羞，所以28歲還沒有正式交往的男朋友。阿姨為了打破尷尬的局面，特意把一個相親的男人約到了家裡。以為熟悉的環境能讓小璐更輕鬆，可是沒想到小璐反而更拘謹。終於，阿姨想到了一個突破口，讓小璐帶男人去看看她的收藏。

小璐把男人帶到自己的臥室，男人看見整整一面牆的書架上擺滿了各種玻璃瓶子，頓時嚇傻了，而講起自己的寶貝，小璐也表現出了自己的真實性格，不再拘謹得說不出完整的話。男人因此徹底被小璐吸引了。在他眼裡，小璐也像眼前的這些玻璃瓶一樣，是晶瑩剔透的寶貝。

第四週　獵婚週─全面出擊

偶爾改變的老習慣

不要以為，我是精神錯亂了，一下子告訴你要保持一些良好的生活習慣，一下子又麻煩你改變一些老習慣。就是這些看似矛盾的要求，是希望你把以往的生活像多餘的脂肪一樣，甩掉，甩掉，要主動出擊得到一個好男人，改變才是王道。

和電梯男說 HELLO

想一想，有多少部愛情電影，是從電梯偶遇開始的？那男女主角，可能每天搭乘同一部電梯，也可能因為偶然走進同一部電梯。他們可能從不交流，只是彼此靠近時，心跳開始加速。終於有一天，其中一人開口說了句「你好」，兩個人的故事便從此展開。所以，你看，如果你在社區的電梯，或者公司的電梯裡，常常和某個人相遇，為什麼不給彼此一個機會呢？

如果你想吸引他主動開口，想要獲得電梯豔遇，不如也為自己精心挑選點「小道具」。就算搭訕失敗，也不會顯得特別尷尬。

今晚搭乘公車

如今，公車這種交通工具，似乎已經被學生、退休的老人擠占得滿滿的。好不容易排隊等到一個座位，偏偏又來了位抱小孩的，理應當仁不讓地讓座。所以孤高的剩女們，早就把它拋棄了。

可是，如果你能夠錯開尖峰時段，不讓自己一路讓座，不如還是偶爾搭乘一下。尤其是在夜晚，當夜幕降臨在城市，街道上繁星點點，當你一路上欣賞著美麗的夜景時，可能有人也早已把你當成了風景在欣賞。

怎麼樣，看起來，偶爾坐一下公車，是不是也算得上是件浪漫的事？

下班晚走半小時

你在愛情上已經苦等了那麼久，又何必在此時，拚了老命和大家搶呢？搶電梯、搶計程車、搶特價的蔬菜，還有男人……要知道，真正有風度成熟穩重的男人，向來是不會壓線走出辦公室的。即便他們不需要加班，也會從容自得，所以當別人都以百米衝刺的速度踏出辦公室時，你也不妨多留一下子。當大批人流流動之後，說不定，老天會漏到你手裡一個好男人。等待的時間不妨給自己來點幻想，當你一個人最後走出辦公室的大門時，或許你不夠力氣鎖上那道鐵閘，這時就會有一雙有力的大手，幫你一把；當你追了半天都沒有趕上最後一趟小巴時，或許真的有輛順風車停在你的面前；或許，當最後只剩下你和他留在辦公室時，他終於鼓足勇氣，走過來向你聊天……下班後，在辦公室裡多留一下，總不會有太大壞處。就算你不想發展一段辦公室戀情，那又如何？走到大街上，避開尖峰時段擁擠的人潮，輕鬆的空氣會讓你把男人看得更加清楚。

試試向左走

《向左走，向右走》，這實在是個讓人心酸的故事，咫尺即是天涯。當你每天都會和那個陌生人相遇，當你感覺每次他快出現時，心跳都在急速跳動時，那就大膽承認吧！你已經對他有了好感。

或許，你也感到奇怪，為何你們有緣無分，匆匆一瞥，就沒有了下文？那麼不妨改變一下你的步伐，大膽地追上去，放低姿態，問一聲：「可以一起吃午餐嗎？」即便被拒絕，你也可以微微一笑，大方地開始尋找下一個「獵物」。總比幾米繪本中那些為愛執著的男女，一次次任由緣分擦肩而過而抱憾終身讓人舒服。

第四週　獵婚週——全面出擊

自己去看演唱會

張學友要來開演唱會，誰有時間陪你一起去？拜託，他已經是經典雋永的人物了，不是各年齡層的人都會有興趣的，你身邊那些年輕女孩只會追著高爾宣和周興哲，和你同齡的朋友們，早就成家立業，沒有閒情逸致。可是要不要因此就打消了這個計畫呢？答案是：不。

一個人去看演唱會有什麼關係，別以為這種團體觀賞性的活動，身邊沒有伴就會一個人可憐到天亮。事實恰恰相反。因為對方也可能正受此困擾，孤身前往。那麼你們已經有了志同道合作前提，順便製造點話題，很快就可以成為朋友。所以，為何一定要勉強那些可能性極高的「電燈泡」呢？

星期五娛樂休閒抓心手冊 —— 男人狩獵地圖

在我們向好男人進軍的時候，我希望你能夠少安勿躁，先留出幾分鐘，想一想投資界的那句至理名言 —— 不要把所有的雞蛋放進同一個籃子。所以你的獵豔時間、精力最好也要平均分配。我們無法估計自己的真命天子會在哪裡出現，所以在這個階段全面撒網重點培養，還是非常有必要的。

不過也不必準備太多，只要有以下這三項其實就足夠了。

★ **上網**：在約會網站上結識朋友，沒什麼見不得人的。這樣既能擴展你的選擇範圍，也可以讓你結識很多可能從來沒有機會認識的人。

★ **私人朋友**：透過朋友、家人，或是專業的媒人去認識合適的單身朋友是個不錯的方式。這不僅方便你去悄悄地調查他們，而且當他們犯錯時你也知道該如何去懲罰他們。

★ **出去逛逛**：做些有挑戰性的努力也是相當重要的，比如去一些有策略意義的地方尋找你最喜歡的那種單身漢。不要感到不安和害怕 —— 以下介紹給你許多場所，並提供該怎麼去利用它們的有效建議。

顧家男 —— 到超市找

曾經有人說，女人如果不想下廚房，那麼嫁個廚師吧！這絕對是一個錯誤觀念，除非你想嫁的是一個「伙房兵」，否則別指望哪位高級廚師，每天都會親自下廚。如果你既想享受賢妻良母的美名，又不喜歡做家事，那麼去超市裡找個男人，絕對是個不錯的選擇。

他們不喜歡外出聚餐，只喜歡一個人將新鮮的食材變成美味佳餚。對於很多男人來說，這是一種折磨，但是對於他們來說卻是生活的一部分。

他們了解貨架上每一種商品的價格、屬性、保存期限，他們的細心讓人嘆為觀止，可能當他們跟你談論這些的時候，你會覺得他很娘，甚至有點煩，但是當他用同樣的細心對待你的時候，你就會知道他們有多溫柔體貼。

他們懂得分辨什麼是有機食品、哪個品牌更安全，或許他們不懂得去討論迪奧和香奈兒，但是他卻會關心你最基本的生活安全。

如果你常常在超市裡遇到一個單身男人，他只購買自己的食物；如果他在向你介紹哪個牌子的洗手乳更好用，那麼不如問問他，今晚有沒有時間。

老實可靠男 —— 朋友聚會裡去找

你去參加朋友的聚會，會抱著怎樣的態度？找個樂子？和大家敘敘舊？如果僅此而已，那麼你就實在是暴殄天物了。因為聚會絕對為你提供了一條迅速獵夫的途徑。尤其當你把老實可靠當成擇偶標準時。

第四週　獵婚週—全面出擊

　　留意你的工作環境中，同事、客戶聚會，關於對方的底細也很容易摸清楚，至於「戀愛」機會也更容易找到。朋友、家庭的聚會也不要覺得麻煩，該去的還是要去，可以透過朋友的朋友，親戚的親戚認識到合適的男人，至於老實與否，也很好打聽。多了一層關係，很多你不容易開口的問題，也能輕易地得到答案。

陽光男 —— 健身房裡去找

　　OMG！健身房裡那些汗流浹背的肌肉型男，總是忍不住讓人想入非非。還有什麼比去健身房裡找帥哥更值得開心的？

　　不過如果你還是問：「帥哥，這個機器怎麼用啊？」那你已經出局了。其實你要做的很簡單，就是做你自己。穿上你性感的健身服飾，選擇站在那個你心儀已久的肌肉哥對面，若無其事地慢跑。當你開始香汗淋漓，面帶緋紅的時候，偷瞄一眼，他應該也在偷偷注視你。試著給他一個微笑，他很可能也會給你一個陽光的笑臉。

　　要知道健身房裡的運動男，雖然肌肉發達，但是頭腦也絕不簡單，主動的搭訕只會給他們暗示，你的目的不單純，他不知道已經是第幾個獵物了呢！相反，男人在健身的同時，心理就有一種被矚目的期望，越是對他不理睬的人，越會引起他的注意，又何況是一個同樣性感的運動型美女呢？

文雅男 —— 圖書館裡去找

　　要知道一個男人的品味，要看他帶什麼手錶；要知道一個男人的內涵，就一定要看他讀什麼書。畢業了還肯去圖書館的男人總壞不到哪去吧！

　　想不想重溫一下岩井俊二的《情書》，偷偷地把他看過的每一本書都

帶回家，了解他看的書，就是在了解他的生活。他的所想、所行都會受到圖書內容的影響。如果他一直在看武俠小說，他的內心深處一直是個長不大的孩子；如果他一直在看專業書籍，他一定是一直追求上進；如果他看外國文學，多半是個浪漫到骨子裡的傢伙；不過，如果他一直在研究犯罪心理一類的邊緣書籍，即便他表現得再溫文爾雅，也要小心他的多重性格哦。

成功男 —— 西餐廳裡去找

西元 1982 年的拉菲、法國鵝肝醬、新鮮生蠔，如果你夢想中的男人就是這樣一位成熟優雅的男人，那麼就要勸你遠離那些夜市、大排長龍的特色小吃，因為它們除了可能吃壞你的腸胃，你也永遠不可能在那裡見到心中的那個人。

把這些無謂的錢省下來，找一家雜誌重點推薦的高檔餐廳，相信我，它並不是真的那麼貴。如果你沒有勇氣一個人推開那扇神祕的大門，可以約你的好朋友一起去，當然要選擇已婚的哦，否則她搶了你的風采和目標，我可是不負責任。

情調男 —— 去酒吧裡找

沉迷酒吧的男人最讓女人傷腦筋。酒吧裡到處充斥著浪漫的酒鬼。對於女人來說，最重要的是要分清楚，誰在製造情調，誰想在買醉後尋找一夜情。那麼如果你見到了以下幾種男人，最好繞道，別浪費時間了。

★ 點啤酒的男人。他的兄弟可能正在路上趕過來，準備和他豪飲一番。

★ 一個人坐在雙人沙發上看書的，八成他等的女孩還在路上呢。

★ 坐在角落裡的，打火機壓在紅色菸盒下，面前多是果汁飲料，很可能他要找的不是女人，是男人。

　　另外如果你想在酒吧迅速吸引男人，一定要帶項鍊和香水這兩件法寶。因為酒精的作用和體溫的升高，會讓香水的味道變幻無窮，從而產生致命的吸引力，簡單精巧的項鍊則會造成畫龍點睛的作用。而當你只能讓他看到上半身的時候，假裝玩弄項鍊吊墜的小動作，會讓男人對你的脖頸、鎖骨、肩胛以及身體其他部位浮想聯翩。

多金男 ── 會員制俱樂部裡去找

　　會員制俱樂部，可不是購買了某個品牌的口紅，就會贈送一張會員卡，也不是你在西餐廳預存了一張優惠的會員卡，也不是購買了 2,000 元的健身卡……所謂的會員制俱樂部，是專為經濟背景相似的事業成功人士提供的一種社交、休閒、娛樂、聚會的高級場所，會員們興趣相投，樂於享受高品質的生活，藉此擴大社交圈。

　　不過，會員制俱樂部通常都是封閉式管理，只對會員開放，所以，不妨放低身段，當你那些有錢朋友們的「小跟班」，讓他們邀請你去俱樂部共進晚餐。男人們會很樂意看到一張新鮮的女性面孔，如果你的表現能夠溫柔機智、大方得體的話，那麼恭喜你：你已經向成功的結果大大地跨了一步呢！如果你絞盡腦汁也找不到這樣一位朋友，那麼不妨去看看俱樂部裡是不是正在應徵工作人員，演繹一齣灰姑娘的故事也是不錯的哦。

金融 CEO ── 頭等艙裡去找

　　如果你想要嫁個有錢人，就要去有錢人出現的地方。坐飛機一定要去頭等艙。雖然真正的富豪們往往會擁有自己的私人飛機，但是考慮到時間和安全，他們選擇頭等艙的機率還是非常之大的。

　　想找一個商場上的英雄男，豪華渡輪也是不錯的選擇。不過要告誡大

家的是：豪華渡輪首要的可不是速度，而是一種身分地位的象徵。你可不要告訴我們你也像《鐵達尼號》上的露西一樣，愛上了那個騙票上船的窮小子藝術家。那你還是趁早下船吧！因為他們眼中也只有千萬富翁的未婚妻。

愛心好男人 —— 慈善活動裡去找

如果你對好男人的標準是熱情、有愛心，那麼多去參加一些志願者和慈善活動絕對錯不了。把自己的愛心一起展現出來，讓你在各種慈善活動中，也越發變得由內而外的美麗。事實上，有愛心的男人很多，但是真的能夠參與慈善活動的人卻不多。他們至少要具備以下優點：有錢並有時間，否則再有愛心，也自顧不暇；熱情大方，否則他可能只是悄悄把錢匯給慈善機構；有社會影響力，愛心不分大小，但是熱衷於慈善活動的人，都企圖以自己的影響力，來影響更多的人獻出愛心，才能讓慈善無限循環。

所以，抽點時間，投身到慈善活動中去，無論是為了提高自身修養還是覓得良人，都是不錯的選擇。

探索新興的好玩意

抱有一顆童心的女人，即使不再漂亮年輕，仍然可以一輩子做女孩。所以，把女人依照生理年齡分類，並不實際，依照心理年齡來劃分，才更合理。這也就是為什麼我們身邊會發生那麼多讓人驚訝的姐弟戀。

奇兵和曉雲就是這樣的一對。奇兵今年 27 歲，而他的女友曉雲足足比他大了八歲。他們是在密室逃脫認識的。確定戀愛關係之後，很多朋友

第四週　獵婚週—全面出擊

都不解，35 歲的女人，都已經應該是孩子的媽了，怎麼帥氣的奇兵就把她這個大齡剩女撿回家了？可是奇兵卻是滿臉得意，曉雲在密室逃脫中做邏輯分析時，頭頭是道；在假裝隱藏自己的角色身分時，又總是一副無辜的表情，而最讓他動心的是，有一次曉雲竟然做出掩護他的行動，然後還調皮地向奇兵眨了眨眼。天啊！要不是志玲姐姐附體，哪個 35 歲的熟女還敢做出這樣的小孩子表情。

　　事實上，像曉雲一樣，仍舊保持一顆童心的剩女們，大有人在，可是很多人卻膽怯地把童心收起了。「已經這麼大年紀了，還只想著玩，難怪沒人要！」、「好像總是長不大，怎麼會有人喜歡！」、「男人都喜歡成熟有魅力的女人！」就是這些陳腐的想法，讓女人不敢以真實的面貌示人。開口閉口就是時事，休閒永遠是中規中矩：看電影、逛街……拜託，雖然男人都有戀母情結，但是他們自己就是彼得潘啊！想和他們一起「玩」，就要和他們一樣，亮出自己的童心。

　　如果你的童心已經睡著了，那麼有一個喚醒它最有效的方法 —— 好奇心。此時，你可能正想反駁：好奇心，我有啊！我已經熟讀了各種關於男人心理、生理的讀物，可是還是沒有把自己嫁掉啊！如果你把好奇心放在了這上面，或者是對男朋友的每一通來電和簡訊好奇，那麼你就大錯特錯了。

童心修煉手則

- ★ **第一條**：好奇心約等於童心。把你的好奇心向小孩子看齊，對身邊的新生事物保持高度的好奇心，你就會保持一顆童心。
- ★ **第二條**：遊戲是保持童心的最好方法，但是切記不要沉迷，那是壞孩子才會做的事情。

★ **第三條**：運動能喚起童心的同時，還能讓小朋友迅速成長（你們的關心也會進步很快哦）。

★ **第四條**：敏捷的身手、靈活的頭腦，小孩子遠遠勝過成年人。

★ **第五條**：試試以下這些活動，幫助永保童心，迷死男人。

- **桌遊空間**：桌遊空間的興起，大有和網路遊戲抗衡的趨勢。比起網路遊戲，桌遊的確有很多限制，可是它的最大魅力就在於面對面，有話直說。少了螢幕的阻隔，更能拉進彼此的交流。但是記住，你此行的目的，是為了「遙想公瑾當年，小喬初嫁了」，千萬不要弄成「桃園三結義」。要知道，透過遊戲建立的朋友關係，是最容易演變成好兄弟的！所以為了避免對方真的忽視你的性別，就別把你在工作中爭強好勝的精神拿到遊戲上來，一場遊戲嘛，別那麼認真，懂得示弱，也是女人的一種可愛表現。

- **在你感興趣的「舒適圈」中活躍起來**：我知道，這個對於你可能會有一定難度。因為你早就習慣了做「舒適圈」的參與者，你不想動腦筋想聚會的地點和內容，也不想拋出話題讓大家響應。這樣可不行。當有一天，你和他成功走向約會階段時，你的這種順從，會讓他覺得——你可真是個悶葫蘆啊！和你在一起，好累啊！所以，為什麼不從現在起，做你「舒適圈」中的活躍分子？讓你的「舒適圈」活躍起來，也會讓你今後的約會變得豐富，就當做是一場真槍實彈的演練吧！

- **Instagram**：當你還在苦苦尋覓如意郎君的時候，一群的年輕女孩已經玩起了 Instagram，就連明星們，離婚、分手、結婚、戀愛、蜜月，都在透過 Instagram 分享自己的愛情。Instagram，幫你找愛情，還提供了一條捷徑：如果你此生苦於無法嫁給明星了，不如追蹤他

的 Instagram，透過網路和他談談愛情婚姻之道，相信也別有一番風味吧！

- **羽毛球**：羽毛球是很適合兩個人一起的運動了。長 T 短裙的服裝很漂亮，揚手跨步姿勢優美。羽毛球鍛鍊的也是女性修長的線條。運動後的汗流浹背，沖澡後出水芙蓉般的美麗，對男人來說都有致命的吸引力。如果你們是剛剛認識的朋友，不如邀請他做你的搭檔，欣賞你最美的時刻，更可以見證你變美的過程。

- **車友會**：參加到車友中去尋找另一半，算得上是一個比較務實的選擇了。車友會通常活動豐富：運動型、遊戲型、聚餐型……你能透過不同的活動，多方面去了解一個人。透過他的座駕類型基本上也可以分析出來他的經濟實力，不必再讓你去拐彎抹角打聽了。

- **旅伴**：旅遊固然是容易豔遇的活動，但是天涯海角和一個人相遇，一夜情的機率遠遠要大於戀愛的可能，除非你追求的僅僅是愛的刺激，否則旅伴更合適。這是一個固定的圈子，所有的參與者都是半生半熟的，既有一定的神祕感，又不會匆匆一見便失去聯絡。在旅伴們自由行的過程中，沒有導遊的催促、景區的擁擠，你們可以漫不經心地慢慢增進感情。

事半功倍 ── 到相親大軍中去獵夫

成功率最高的相親會 ── 已婚閨蜜相親會

在眾多的相親會中，由已婚閨蜜介紹的另一半成功率是最高的。「已婚」、「閨蜜」，這兩個條件缺一不可。通常閨蜜們總會恨鐵不成鋼，恨

不得在自己的婚禮上，就開始為自己的未婚女友尋找合適的對象。她們會在百忙之中，穿著禮服湊到你面前，指著遠處那個穿著白色西服的人問：「怎麼樣？那是我遠房表哥，挺不錯的。」如果你沒有感覺，沒問題，過不了幾天，她又會興致勃勃地邀請你去她家裡做客，而一起去的，肯定還有她老公的好兄弟們。

其實，這是一種幸福的分享。我們的閨蜜不願意一下和我們被婚姻這道門隔開，更不願意眼睜睜地看著好男人落入他人囊中。倒不如乖乖順了她的意，一舉兩得。

真正的閨蜜，應該是最了解你的人，甚至能看穿你心中的潛臺詞。她比你更知道，什麼樣的男人最適合你，所以她首先就會幫你過濾掉那些可能是在浪費你時間的傢伙。另一方面，相信你閨蜜的眼光，因為只有婚姻幸福的人，才會有這等雅興，否則都自顧不暇，哪裡還有時間替別人操心啊！最後，也是最重要的一點，已婚閨蜜看男人，和未婚閨蜜的觀點和角度是絕對不同的，經過婚姻的洗禮，讓女人更加清醒，她就像已經幫著你經歷過了一次婚姻一樣，知道什麼是真實的生活需求，什麼是不切實際的空想，不會像那些未婚閨蜜般的挑剔。

成功率最低的相親會 —— 父母相親會

父母或許是這個世界上最疼愛我們的人，但未必是最了解我們真實想法的人。他們常常會教育我們：我吃過的鹽比你吃過的飯還多。可是，那又怎樣，他們永遠是會站在自己的角度去替我們思考，他們喜歡老實可靠的男人，可是卻往往讓人覺得索然無味；他們喜歡工作穩定的男人，可是卻總讓人覺得缺乏奮鬥精神；他們喜歡成熟穩重長相中等的男人，可卻讓人忍不住想要叫一聲「大叔」……父母們沒有錯，只是代溝在作怪。不同

的人生觀、價值觀，注定了父母和子女在婚姻對象的選擇上，很少有默契而言。加之，父母喜歡對相親對象加上自己主觀的評價，干擾我們的正常判斷。他們儘管幫助女兒早點找個好歸宿，卻又不得不面對越幫越忙的尷尬境地。

你還可以重點考慮的相親會

● 老師相親會

亦師亦友的師生關係，讓老師既有父母們成熟的眼光，又不會像長輩一樣的「專政」，在父母面前孩子們或許會撒嬌，可是在老師面前，他們表現出來的，永遠都是積極向上、自強獨立的一面，所以可以說老師比父母還要了解自己的孩子。也正因為如此，很多老師看著自己的學生長大成人，也都忍不住開始為他們拉起了紅線。而這種紅線，往往既有父母一樣成熟的考慮，又不會像一般長輩般專權，所以成功率通常會很高。

● 同學相親會

同學和閨蜜有得比，多年的共同學習生活，他們很了解你的脾氣秉性，拉起紅線也會更加認真負責，向對方介紹更是頭頭是道。同學會幫你問清楚很多你自己難以問出口的問題，以免你們互生好感後，才發現彼此竟然存在一些讓雙方都不能忍受的情況。

● 小型聯誼會

這樣的聯誼會，更像一場派對，每個人都可以悠然自得地表現自己，不用害怕一對一的緊張，更擴大了搜選範圍，而且通常這樣的相親會都會有參加要求，比如工作性質、年齡、嗜好，更提高了聯誼的成功率。但是

切莫在聯誼會上表現得太過耀眼，通常這樣的女人表現欲太強，男人是不敢輕易娶回家的，或許他們只想和你談談情。

珍惜第一次約會

陌生的兩個人第一次約會，即使沒有太多的火花擦出，至少要在對方的心裡烙下重重的一筆，否則怎麼對得起自己「敗犬」的稱號呢？

第一次的約會是戀愛的前奏，雖然我們或許已經事先了解了他很多的資料，但是耳聽為虛眼見為實，藉著「約會」獲得「深入了解」對方的機會，讓你更了解對方的家庭背景、人生體驗、思想品德、對生命及生活的看法……最重要的是，我們可以借助第一次約會，減低戀愛失敗的機率。

可是不管第一次約會有多麼重要，精心的準備絕不等於刻意的偽裝，這樣的把戲很快就會被拆穿，受傷更多的還是自己。所以，緩慢、輕鬆、愉悅，才應該是第一次約會的心態。

小提示

有可能繼續發展的約會應該是這個模樣：

1. 男方會去接女方，而不是指定某個地點見面。
2. 男方會在約會後主動地送女方回家，而不是女方主動提出的。
3. 約會時間會很長，期待兩個人更多的相處。
4. 兩個人會互相表達好感，而不是透過紅娘轉達。
5. 行程中會出現浪漫的舉動。
6. 談話中，在意對方對某一事情的觀點。

第四週　獵婚週—全面出擊

相親會備忘錄

● 我們不該選擇的相親時間

★ **別在出差回來時去相親**：倒時差、水土不服、休息不好、旅途疲憊等綜合原因，會導致你的皮膚沒有光澤，整個人看起來有點浮腫或憔悴。

★ **別在工作忙季去相親**：相親絕對不是一件能夠忙裡偷閒的事，不停地看時間，或者不停地接電話，都會讓你給人留下沒有禮貌或者不重視的假象。

★ **別在生理期前後去相親**：生理期前後，女人往往會脾氣暴躁心煩意亂，有些反應嚴重者還會在臉上出現痘痘和色斑，所以絕對不是相親的好時機。

★ **別在星期天晚上去相親**：即使星期一對你來說，並不意味著比平時忙碌，但是要替對方考慮。星期一意味著早晨塞車、公司開例會、短暫假期結束進入工作，這些無形中會給人帶來不易察覺的困擾。

● 我們應遵守的禮貌潛規則

★ 少接電話。
★ 不聊與雙方無關的話題。
★ 保持完美坐姿。
★ 展現自我魅力。
★ 不點較貴的菜。
★ 付我們該付的帳單。
★ 身為女人，我們應該付的錢，應該是的計程車錢、飲料費、甜點費，

或者進電影院之前的零食費用。尊重對方的同時，盡量給對方留下得體又不小氣的印象。

● 我們該有的約會姿態

★ **形勢**：在約會前，根據你對他年齡、職業的了解，看清當下的形勢，有的放矢。

★ **妝容**：無論你是 18 歲、28 歲，還是 38 歲，一張宿醉、熬夜、蒼老和憔悴的臉，永遠讓人倒胃口。乾淨水嫩的臉龐，更容易讓人接受。

★ **髮型**：頭可斷，髮型不可亂。一個不合時宜的髮型會毀了你整個氣質。

★ **服飾**：相親這樣的場合，穿著得體，是對別人的尊重，更是對自己的尊重。

★ **味道**：味道是一種吸引，不一樣的味道，會有不一樣的邂逅。

● 相親中你還要學會的幾點

★ **保護**：注意自身安全這點對於單刀赴會的女生尤其重要，可自備防狼噴霧劑或大於十萬伏特的電擊棒再去赴會。

★ **拒絕**：學會拒絕對方。遇到有男生提出看似合理的無理要求時要懂得婉拒。比如跟男生在路上散步，走到旅館樓下男生藉故說腳酸要上去休息。或者男生說家裡沒人要請你回去喝咖啡之類的要特別注意。

★ **等待**：不要太過主動。相親結束如果男方沒有主動打電話給你，十有八九是讓你繼續準備另一次相親。這時切勿太著急主動打電話過去，那樣即使男方對你有意思也會被你嚇倒的。雖然時代進步了，但適當的矜持還是必需的。

第四週　獵婚週─全面出擊

電視相親，不僅是相親

● 娛樂化相親時代，到電視上去相親

對那些想結束單身的人來說，相親是目前最熱門的交友方式。電視相親，無疑是眾多的相親節目中，反響最熱鬧的一種。電視相親，不僅僅是相親，當攝影機打開的那一瞬間，你就已經不是一個獨立的個體了，你的出現有數以萬計的觀眾在矚目。對於嘉賓們來說，參加電視臺的相親節目，能不能在現場找到另一半是一方面，充分展示、證明自己的魅力更重要。

● 電視相親全攻略

★ **勿以另類博出位**：這個像真理一樣的定律，讓我想起了若干年前某部微電影，女主角如同非洲火雞一般的造型還歷歷在目。而她為了吸引目光所設計的誇張造型，沒想到卻適得其反，反而嚇跑了男主角。微電影雖然會有誇張的成分，我也相信你絕對不會穿成一隻非洲火雞約會，但是過火的衣服、太過暴露的衣服，又或者 Lady Gaga 的模仿者，都不太適合。除非你根本就不想找到任何一位合適的對象，只是在要寶。

★ **勿以刻薄當有才**：如今的電視相親節目，大多是女多男少的形勢，男嘉賓一上場，女嘉賓就開始鉅細靡遺地進行評論。這時候請注意你的語言用詞，雖然如今的女人們伶牙俐齒，但是刻薄挑剔，只會讓人覺得問題出在你身上。即便有再多的不滿，也不忘要微笑面對。

★ **勿以高傲當氣質**：沒錯，站在鎂光燈下，再平凡的女人也會光芒四射，又何況身價本來就不菲的剩女們，所以此時，女人們的明星夢更

容易大加泛濫，內心中的孤高全部寫在臉上，居高臨下地審視男嘉賓。這樣的女王，恐怕沒有幾個男人敢把你娶回家啊！雖然我知道，這不是最真實的呢，可是，那又怎樣，你的印象已經留在了觀眾腦海中，也很有可能就已經深深印刻在了你未來的公婆腦海中。

★ **勿以多情當魅力**：女人要表現自己的魅力有很多種方法，但是炫耀自己過去的情史絕對不是一個明智的選擇，當你站在電視機前，侃侃而談過往的事情，攝影機可是一字不漏地幫你都記錄在案。這樣的鐵證如山，不是每一個男人都能大度地忘記，有朝一日他翻起舊帳來，你的把柄可都在人家手裡了。

★ **勿以偏執為痴情**：在電視相親的舞臺上，有人固執地等待著某一類型的人，如果你非某一類人不嫁，那麼我可以明確地告訴你，別把時間浪費在電視相親上，因為電視相親，某種程度上更像是緣分天注定，因為除了導演，誰也不知道，下一個出場的是什麼樣的男人。如果你的心中已經有了合適的對象，你需要的是勇氣，直接找到他去表白就好了。

★ **有真心才有另一半**：以上的攻略只是在此前眾多失敗的電視相親中總結出來的大概規律，其實只要你懷揣著一顆真心，就有希望在節目中找到你的另一半。電視相親的舞臺上，相親的每一位男嘉賓都能有所準備地踏上這段驚心動魄的緣分之旅。而你，如果沒有作好準備就貿然前往，注定在一開始就失掉了先機。各位姐妹們，我們已經錯過了太多的時間，就不要把你為數不多的青春再浪費在無為的湊熱鬧上了，所以任何時候，請你注意帶上你的真心，在電視相親的舞臺上邂逅一段屬於自己的浪漫吧！

第四週　獵婚週—全面出擊

● 優勢最大化 —— 不僅是相親

講一個執著於電視相親的故事：

我有一個朋友，一直姿色過人（而事實上也的確如此），最大的遺憾是，年輕時沒遇見星探，做不了大明星。所以一直對身邊的追求者保持著一貫的安全距離。以至於三十歲了，還是獨來獨往。終於在朋友們的建議下，選擇了相親，而且是電視相親，因為直到此時，她還在為自己的美貌沾沾自喜，如果沒有一個自我展示的機會就太浪費了。

可是她在相親的舞臺上卻一站數週，相中她的男生不在少數，可是她總能敏銳地發現他們身上某一個讓她不能忍受的缺點，一一拒絕了。她幾乎成了這檔節目的「釘子戶」。時間一長，隨著節目收視率的不斷增高，她竟然也變成了紅人。某天她興奮地打電話告訴我，她去市場買蘋果的時候，竟然被水果攤的大嬸認出來，不但送了個蘋果給她，還說自己有個侄子和她非常適合，一定要給她介紹。

天下竟然有這樣的事情？相親也能圓她的明星夢？可是真正圓她夢的還在後面呢。後來竟然有個電視臺的導演打電話給她，問她有沒有興趣做一檔新節目的主持人。導演覺得她很上鏡頭，而且文思敏捷，和節目的定位非常符合，關鍵是有觀眾緣。從此，她的命運開始了大轉折，不但開始了新的事業，沒多久還在工作中認識了一個多金多才的男人，讓身邊的很多朋友都不由地想要效仿她。

不過冷靜下來，大家還是明白，這樣的餡餅是不會每個人都被砸到的，但是電視相親，的確有它獨特的優勢：

★ 目標人群多，不局限於現場嘉賓，很多電視機前的人群也會對你產生認知，可能會產生意外收穫，可以說一勞永逸。

★ 在電視上的出色表現，很可能為你迎來人氣的同時也迎來好的運氣。

★ 充分地拓展了人脈，即便是相親不成功，也很可能在事業上帶來新的機遇，一舉兩得。

成也婚戀網站，敗也婚戀網站

隨著相親時代的到來，婚戀網站忽如一夜春風來，迅速地成長並趨於成熟。從婚戀網站相識，透過私人式的了解與溝通，既有自由戀愛的感覺，又有明確相親的目的性，在眾多未婚男女當中風行起來。

婚戀網站，可謂雙刃劍，優缺點一目瞭然 ──

★ **優點**：大量撒網，自由篩選，見面之前可以透過網路、照片、電話等相互了解。

★ **缺點**：所了解到的一切資訊，真實性有待商榷。

★ **優點**：目標明確，男女雙方在以談婚論嫁為共同目標的前提下交往。

★ **缺點**：在現實的籠罩下，難免有一種雙方條件對壘，容易產生「談判」的乏味感。

★ **優點**：好聚好散，相親形式相當於普通網友見面，速戰速決，基本上不超過三次見面，就能確定感情走向。

★ **缺點**：在網路上，容易聯絡彼此，反而走馬看花，換人頻率高。

★ **優點**：婚戀網站上有真金，不乏黃金單身漢，抱著「試一試」的心態擇偶，運氣好的女人會在這裡中「樂透」。

★ **缺點**：同時也是藏汙納垢之地，讓女人經歷一個糟糕的對象就想放棄這種相親管道。

第四週　獵婚週—全面出擊

婚戀網站相親經驗分享：

★ 先看照片後見人，以免把時間浪費在完全無法接受的人身上。

★ 安全起見，短期內不要透露自己的職稱和住家地址。

★ 為了確認對方身高的真實性，初次見面勿穿高跟鞋。

★ 由你來決定見面時間和相親地點，最好約在市區。

★ 短期內約會，不要讓對方送你回家。

★ 透過你的人際關係和網路，側面打探一下對方的真實情況，以免上當受騙。

★ 一旦確定彼此戀愛關係，就不再使用婚戀網站。

★ 不要與網路上聊得來，見面失敗的男人做朋友，以免日後關係變質。

愛上大客戶 ── 來一場辦公室戀情

你的工作時間也占據了一天 24 小時的絕大部分？你的活動範圍基本上也是從公司到家？你的交友圈也大多只在同事間徘徊？在辦公室常處於明令禁止或暗令不允許談戀愛狀態下的職場，單身的你，不如來談一場「辦公室戀愛」，別讓職場誤情場！

雖然到現在，很多公司都在禁止辦公室戀情，不過如果你還沒有想好要不要蹚這渾水，其實眼光可以放遠點，推開辦公室的大門，著眼於和你的工作往來密切的「大客戶」，也是不錯的選擇。

「辦公室戀愛」是屬於那些有工作關係，而並非是與同一公司的人相識相愛的情侶。這樣的戀情，尤其適合那些工作繁忙，交友圈和時間都很有限，又不願參與坐下來面談式的陌生人相親活動的剩女一族們。他們往往事業有成，成熟穩重，是剩女們中意的首選人物。而和他們戀愛，往往

也能在愛情之外,收穫更多的事業哦。

如果覺得辦公室戀情太敏感,那就來場辦公室之戀吧!

灰姑娘有晴天

林夕就是這樣一個幸運者。她在別人眼中就像一個拚命三郎,工作起來好像永遠不知道疲倦,以至於 29 歲的她根本沒有時間談戀愛,在很多人的眼中,她就是一個男人婆,這或許和林夕的職業也有關 —— 社會新聞記者。

林夕常常需要進行深入調查、暗訪、偷拍,要是沒有點「男子氣概」還真不行。有一次,林夕接到一個新的工作任務,有人舉報一家五星級飯店的自助餐是重複使用的,導致有客人吃了過期的食物中毒。這的確是一條攸關民生的大新聞,要知道五星級飯店進出的有很多重要賓客,更常常有外國賓客入住。如果情況屬實,不僅危害到了賓客的健康,更會影響整座城市,乃至國家的形象。

接到任務後,林夕一點都不敢怠慢,馬上準備深入採訪。可是採訪中遇到了很多困難,林夕都憑藉著經驗一一化解,但卻一無所獲。採訪的過程中,她接觸到了這家五星級飯店的 CEO 陳翰。陳翰嚴屬地告訴林夕,這絕對是不可能的,她所得來的消息,其實只是一個房客無理取鬧的要求沒有被滿足而惡意造謠的。林夕不甘心就這樣放棄這條新聞,決定追查清楚,幾經努力,她不但搞清楚了事情的真相,正如陳翰所說,還找到了那個惡意造謠者,進行了事實澄清。

新聞告一段落,而陳翰也對林夕有了非常深的印象。這個對新聞一絲不苟的女孩,身上擁有與眾不同的氣質,深深吸引了他。於是他開始以向林夕道謝為由邀請林夕吃飯,然後又以邀請林夕為自己家公司宣傳為理

第四週　獵婚週—全面出擊

由，約林夕見面。幾次深談下來，林夕雖然沒有跳槽，但是卻和陳翰譜出了戀取。從此，這個感情一直不被看好的灰姑娘，終於可以揚眉吐氣了。

職場貴人＝情場貴人？

　　丹丹是一家體育用品公司的設計師，年近 28 歲。她在工作上非常出色，可是為人卻有些內向不善言辭。這次她遇到了一個難題，公司派她到市場中去採集創作靈感，希望她能多找一些運動高手們聊一聊，發掘更能吸引顧客的新點子。這可難為了丹丹，不過還好，公司為她指定了一位瑜伽教練 —— 比自己大十歲的茉莉。在茉莉的幫助下，這個調查做得非常成功，丹丹不但設計出了時尚又實用的新產品，還和茉莉成了好朋友。不久後茉莉還熱心地把自己老公的同事千林介紹給了丹丹，並且反覆說以她多年看人的經驗，覺得他們一定合得來。

　　丹丹剛開始有些猶疑，可是又不好意思推辭，就建議先在網路聯絡。兩人就在網路上相識了，最初只是聊些嗜好、美食、旅遊什麼的，慢慢地話題變廣了，丹丹感覺千林是一個文雅莊重而不失風趣的男人。幾次電話後，丹丹自然答應了千林見面的請求⋯⋯一年後，有情人終成眷屬。丹丹雖然經人介紹認識了千林，但是並沒有經過令人難堪的相親程序。茉莉無疑是她的「貴人」，不僅是職場上的，還是情場上的。

　　其實對於丹丹這樣的內向型女生來說，更需要「貴人」們為她們牽線搭橋，開闢情路。茉莉的出現無疑為她們的情場之路開闢了一條好道。我們的社會傾向於認為外向是好的性格，內向是不好的性格。其實，內向女孩並不比外向開朗的女孩更缺乏價值。在很多男人的眼裡，內向的女孩更加有氣質，也更加惹人憐愛。人類尋找配偶的習慣是把自己不熟悉的形

象，以及認為自己沒有的特徵「投射」到對方身上，並且加以崇拜。在生活中我們不難看到很多夫妻性格迥異，就是這個現象的反映。

所以，如果你也是個內向的女孩，千萬不要灰心喪氣，試著打開自己的心扉，尋找生命中那個談得來的貴人。不放過工作生活中任何一個有緣的機會，說不定就可能有「貴人」降臨，引領你認識生命中的另一半。

專業精神贏得真愛

不得不說，周圍在職場上的完美表現，為她贏得了事關重要的第一印象的高分。起初，高志對周圍感興趣，正是源於她出色的專業能力和敬業精神。而情場上曾受過的傷害，讓周圍不由自主地向周圍傳達出一種冷漠的感覺，這反而讓好奇的男方更有了探究神祕的欲望。機緣巧合下，高志發現周圍的冰殼之下，還有一股暖流在湧動。高志小心地試探周圍，周圍也小心地接受高志的好意，沒有逃走。直到有一天，受傷的周圍感到安全了，才露出內心最柔軟的部分。

我們常常會看到失戀的人將悲痛化為動力而埋頭工作。其實這未嘗不是一種治療的方法。但是在職場漸入佳境之後，別仍在情場裡做縮頭烏龜。在大齡剩女中，很大比例的人都經歷過感情的創傷。那種疼痛的感覺，讓她們在面對再一次打開心門的機會時，易生膽怯退縮之念。沒有人不渴望愛和被愛，沒有人能在感情上不需要別人而獨自生存。在受傷的時候，你認為世界都是灰色的，陽光永遠不會照在你身上。你可以選擇永遠逃避，這樣就不需要再面對受過的傷。但是付出的代價也是慘重的 ——你困在自己編織的牢籠裡，無法得到新的感情、新的滋養，失去了從過去的創傷裡得到成長的機會。

第四週　獵婚週─全面出擊

職場「新鮮人」的特殊優勢

首先，必須承認，你已經過了新鮮出道的年齡，不過我所說的職場新鮮人，其實不僅僅是指初入職場，而是更加廣義地包含著你的職業生涯每一次變更後的重新開始。因為你的工作內容產生變化了，你所要接觸到的人也就變化了，而對於很多人來說，你就是一個「新鮮人」。如果此時你還沒有忘記保持一顆新鮮人的新鮮心，那麼你就會非常容易引起注意。

因為在某一個行業或者職位工作兩年以上，就非常容易讓人產生厭倦的心理。而新鮮人，卻往往只知道埋頭苦幹，更具有熱忱和創意，在工作上更容易做出成績，受人矚目是理所當然的。在一個追求更快更高更強的社會裡，男人們很難找到一位真正相信自己的感覺，不被目標牽著鼻子走的女人。職場上清純單純的「新鮮人」，給焦慮蔓延的職場吹來一陣清新的風。

借東風，愛情事業一手抓

職場的灰姑娘，不是誰都有好命，努力恰巧被主管看到並賞識。你或許只能一輩子默默無聞，等你升任部門主任時，顯然，已經要成為「黃金剩鬥士」了。事業愛情兩手都要抓，不如就在工作中為自己尋覓一段佳偶良緣。

● 好的開始，成功的一半

首先想要展開一段「辦公室戀愛」，也就是寄愛情於工作中，那麼最重要的一條就是要為自己找一份常常能與外人接觸的工作，否則每天坐在辦公室裡，收發文件，沏茶倒水，恐怕就只有孤獨終老的命了。

你可以選擇銷售、市場、傳媒、廣告、人力資源、採購等接觸人脈較

多的工作，這些工作不但每天為你積累人脈的基礎，同時，亦能夠保證你的潛在「伴侶」，存在高學歷、高素養、高收入的「三高」人群之中。

　　另外，如果很不幸，你的專業或者興趣已經被局限在辦公室的方寸之間，那麼還有一個辦法能夠擴張你的辦公室人脈，那就是要把握每一次公司的社交活動，這些以公司和客戶為對象的活動，對於你來說，這絕對是一個「亮麗出場」的機會。

● 兩手都要抓，兩手都要硬

　　想要在客戶面前脫穎而出，吸引他的注意，雖然當你遇到了一位心儀的對象，你迫不及待的氣場已經要把他擊倒了，但是我還是要提醒你冷靜。一切不以工作為目的的工作，都是不負責任的。而沒有哪個男人喜歡不負責任的女人。不要忘了自己的主要任務是工作，在工作中結識對象，其實最簡單最容易的辦法，就是工作出色，工作上的出色表現，是最容易在職場上引人注目的，相反，如果心不在焉，在工作接觸中只是顧左右而言他，司馬昭之心就盡人皆知了，這樣別有用心的交往，從一開始就注定不會有好的結果，除非他只不過也是存心想要占便宜。

　　如果你想要你的事業愛情互惠互利，以下這些原則不能忘了：

★ 以工作切入，在專業中引起他的注意。當然，在與他談工作之餘，多關注對象本身，而不是僅僅把對方當做一個公司、一個職位的代名詞，動之以情，無論於公、於私，他都會感覺到，你不只是一個工作狂，也是一個不錯的 —— 女人。

★ 無論他是百萬富翁，還是業界老大，也別管你不過是職場新人、來自一家小廣告公司，面對他一定要有不卑不亢的態度，一味地諂媚奉承，會讓你的人品和形象都大打折扣，莫說是愛情，就連事業也很難進展。

第四週　獵婚週─全面出擊

★ 別祈求你們的關係會像 90 分鐘的電影一樣，進展飛速，欲速則不達，不如先試試在各種節日給對方發簡訊或郵件，讓他對你有印象，總有一天，他會感覺到，你不只是在工作中很有能力，在生活上也是個體貼的好朋友。

★ 別在一開始就抱著一顆功利心，對自己有用的人就熱情，否則便冷漠，因為你的「貴人」往往是意料之外的，所以謙和的態度對你永遠有好處。

● 會見：一半是工作，一半是約會

你可能還沒有這樣的意識，你和客戶的一次會見，其實就像是一次約會。從工作的角度出發，把與客戶的會面當成相親一樣重視，做好事先準備，對他的年齡、背景、喜好等個人資料進行詳盡地了解，會給你的客戶留下良好的印象，至少不會在會談的過程中，被人問得啞口無言。從個人的角度來說，得體的儀容，不卑不亢的語言，都能增強個人的親和力和信任感，從而提高合作的可能性，讓你出色地完成任務。在工作之餘，你們到底能不能發展出一段真正的戀情，那便是工作之外的附加收穫了，而工作和約會之間也的確有著不少的共同之處。

真心誠意。不管對方保持著什麼樣的心態，你都要帶著你的真心去赴約或者是真誠地安排能夠讓兩人進行的約會。與客戶的會面也一樣，只有保持這誠意，才有可能達成目的。

用心體會。不管初次約會的對方是不是你想要的另一半，在約會的過程中你都要用心地與對方互動，讓對方留下美好印象。也許對方覺得自己並不合適時，也可能會引薦別的朋友來見你，也許你會因此而找到命中注定的另一半。同理，如果你們之間此次沒有合作的可能，但是如果你已經

給對方留下了深刻印象，那麼說不定下一次他還會想到你，如果你們談得來，說不定，他也會把這樁生意介紹給別的更合適的朋友。

體貼細心。約會時不忘照顧、體會對方的感受，這點是很重要的。切忌你現在所做的並不是為了對方，而是為了自己。這樣你才越能享受每次約會所帶來的不同感受，越能增進你的敏銳度，從與會的模式中去建立人際關係，那是屬於情感裡的脈絡經營。和客戶會見，你做的也是人脈管理。細心體會對方的每一句弦外之音，眼光放得更長遠，才能收穫得更多。

家有芳鄰 ── 與隔壁公司的男人談戀愛

羅丹說過：「世上不是缺少美，而是缺少美的發現。」你會嘆息世上沒有優質男，其實不是沒有，而是你覺得別人介紹的人不是你的菜。既然別人介紹的不合自己口味，為什麼不去自己開發呢，就如同項目工程一樣。古語云：「十步之澤，必有香草；十室之邑，必有忠士。」就如同幾米所說的向左走，向右走，每天出入於同一區域，必然有一方面是契合的，說不定，隔壁公司就有你心目中的優質男呢。

拋棄尷尬，自己的幸福自己找尋，與隔壁公司的男人談戀愛沒什麼大不了。

看準時機，主動搭訕也無妨

相對男人來說，大多數女性都比較矜持，或者說在自己的潛意識中往往認為，在情感這種事上，理應男人主動。如果這樣想你就錯了，許多男人也是很內向的，也許他們在工作中能夠獨當一面，但對於情感的問題，他們比女孩更不善於表達感情，也有著更多的顧慮，有時也更猶豫，比女

第四週　獵婚週─全面出擊

人更少有勇氣去承擔愛。所以女人更要掌握戀愛的先機，與其被人選，不如我選人。

　　當然主動搭訕，也要找一個恰當的時機。眾目睽睽之下，你唯獨與他搭訕，他會怎麼想呢？你的企圖會不會太過明顯呢？如果周圍還有許多他的同事，更會讓他不好處理。要知道男人中也有「三姑六婆」，誇大其辭是他們的專長。經過他們的加工渲染，就算他對你有好感，也不敢有所行動了，畢竟人言可畏，可能要長期忍受他們的奚落。所以一個適當的場合與時機是必要的。

　　不妨增加你在他面前出現的頻率，注意是頻率而不是時間。試想，是一個月每天碰面一次還是一天內碰面幾次，他記住你的機率高呢？當然是後者。每天都看到你，不一定會記住你的臉，而一天內多次碰到你，怎麼也會對同一套衣服和髮型有印象吧！這就像是電視播放廣告，雖然你不怎麼注意看，但天天播放，當你有需要時自然會想起，比起沒用過的品牌，我們還是會選自己聽過的。這就是強化記憶的作用，讓他在短時間內記住你，這樣就算搭訕，也不會顯得唐突。當然你的服飾不能太脫序，但也不能太大眾化，不然芸芸眾生，他為什麼會注意到你呢。人們的眼睛總會先注意到與眾不同的內容，你可以不選擇跳躍的色彩，但也不要把自己淹沒在人群中。如果大家都是黑白灰，他又怎麼會注意到你呢。記住，讓他記住你的最佳穿戴是隨意但不隨便，出位但不脫序。

　　留下良好的眼緣，剩下的就是選擇一個時機了，當然時機是可以自己創造的。加班，在電梯中相遇，其中苦楚與無奈不言而喻，可謂是同病相憐、「同是天涯淪落人」，相視莞爾、打個招呼，再正常不過了。如果又那麼巧，兩人又進了同一家餐廳，相信這個時段人應該不多吧！剛剛打過

招呼又都是一個人，不湊在一起吃飯都沒有道理了。能坐在一起，就會交談，這樣的交談多了，如果彼此不討厭對方，變成交往也是順理成章的。

優勢大比拚

當然搭訕前適當地做一下功課也是必要的，隨意搭訕不僅浪費時間，還會給自己帶來不好的負面印象。不過綜合而言，自己選擇對象搭訕要比別人介紹的那杯茶更合自己的口味。

首先，他的公司與自己的公司比鄰而居，如果你對自己的公司有足夠的信心的話，那麼他的公司應該也不弱。能在這樣的公司工作的人，相信能力也是毋庸置疑的。這樣也就節省了一部分的觀察時間。其實我們每個人都有不為人知的一面，就算你與他交往多久也未必見過他工作時的那一面。就如跟我們與父母和好友，只要不是一起工作，就算再親近也不會知道自己工作時是什麼樣子。如何去判斷工作能力，他的公司情況是最直觀的。

其次，有時別人介紹的那杯茶，介紹人也未必見過當事者，前期的「人物簡介」很大程度是道聽途說的，一見之下失望是必然的。期待與失望交鋒時，相信失望的情緒膨脹得更快，這種情況下還有什麼以後呢，恨不得沒有下次。反觀，自己物色好的應該會比較合自己的心意，至少省去了前期猜測的階段，交往起來也會不那麼刻意。

再者，彼此工作的地點就在隔壁，打探情報也會比較方便。就算不經意間，也會聽到有關他的資訊，如果他有什麼不良嗜好，說不定你在洗手間、樓梯間都會聽得到，正可謂得來全不費工夫，隨處都有自己的情報源。

第四週　獵婚週—全面出擊

省時也省錢

　　其實與隔壁公司的男人談戀愛，最大的好處就是省時又省錢。深入地了解與交流才能增進彼此的感情，許多時候我們忙於工作，留給約會的時間就不多了。彼此的公司就在隔壁，一起下班就可以約會。比起兩個人下班後從不同的方向再趕去另一個地點更省時，如果他加班，你也可以在自己的公司等，順便也可以做一下自己的工作，約會、工作兩不誤，說不定你的「勤懇」還會被主管記在心中哦。

　　下班後，兩個人一起回家，車資油錢就可以省下不少哦。兩個不認識的人搭一臺車叫「共乘」，要付兩份車資，而情侶就不同了。如果開車的話，就可以省下一個人的油錢，油價飛漲，這點小錢不可小覷呀！

好吧！來場辦公室戀情

不是沒人愛，門檻在作怪

　　辦公室，這個事業與業績生長的地方，又蘊藏著多少閃爍的眼神、糾纏的枷鎖，甚至是曖昧的情感？難怪有人說，辦公室本來就是一道曖昧的風景。可是這道風景，卻總被一雙無情的大手關上了窗簾，擋住了風景，卻擋不住熾烈跳動的心臟。其實，那些忙得不可開交的剩女們，不用一直抱怨自己沒人愛，很可能因為辦公室內一個眼神的交會，因為一句輕柔的問候，甚至為那不知名卻堅持不懈擱置在你辦公桌上的早餐，都可能衝擊到內心最柔軟的部分。

　　只不過，太多的公司都在明裡暗裡對辦公室戀情大肆打壓，搞得每一對想在辦公室內發展情感的男女反而像偷吃一般鬼祟。即便有些公司對辦

公室戀情睜一隻眼閉一隻眼，可是誰能擔保愛情一定能夠修成正果，一旦中途有人準備從這趟愛情列車上提前下車，那麼已經傳得沸沸揚揚的緋聞故事，更讓當事人雙方尷尬，最終難免有人捲鋪蓋走人，愛情沒了，連工作也沒了，得不償失。辦公室戀情，更讓人謹而慎之。

但是人畢竟是情感動物，孤男寡女，乾柴烈火，在適當的溫度、濕度中，愛情的花朵也掐滅不了，雖然明知辦公室戀情會冒天下之大不韙，雖然明知道辦公室戀情處理不好會粉身碎骨，還爭著撞牆的人，也不在少數，其實，如果你也懂得給自己的感情來點保護，懂得像經營事業一樣經營這段感情，一切都還是在掌控中。

給你的 OFFICE 愛情穿件外衣

其實辦公室戀情不可怕，可怕的是它發生後，或許就會像骨牌一樣，演變成一系列對你的工作和生活都帶來困擾的問題，而這些問題，往往會讓你防不勝防。所以最重要的是在一開始，你就要學會保護好你們的愛情，為它穿上一件外衣，最好是件隱形斗篷。

噓，低調。戀愛的感覺恨不得全世界都一起來分享，壓抑的感覺讓人發瘋，如果你不能控制自己的心跳，就多喝幾杯水，少安勿躁，千萬不要衝動地告訴你的其他同事，你正在談一場辦公室戀情。一旦祕密被公開，大家都會一直各懷心事地緊緊盯著你們，而你們嶄新的戀情就極有可能受到傷害。

你沒有在做賊。如果你已經選擇了把工作做到底，可偏偏你們牽手逛超市的時候，就被同事看到了。怎麼辦？別乞求找個地縫鑽進去，你們又不是在做賊。為了避免小道消息四散開來，不妨就大大方方地坦白，你們已經是一對戀人了，至於你們相愛的細節，對不起，永遠保密，以避免

第四週　獵婚週──全面出擊

別人在後面議論。臥房裡發生的事情，永遠都不該屬於辦公室裡討論的內容。

我知道你們很相愛，但是……即便同事們都已經知道了你們的關係，但是也請記住，你們的關係除了是戀人，也是同事，所以不要過度親密，除非你們想製造更多同事們茶餘飯後的話題。同時，如果你們在工作中有相當多的直接接觸，那麼也要盡量避免過多地關注對方，畢竟，你們在下班後還有足夠的時間來親熱呢。

你們的關係很微妙。所有人都有好奇心，尤其是對於我們身邊發生的八卦緋聞。所以一旦同事互相戀愛了，大家一定會出於好奇睜大了眼睛觀察你們的一舉一動，如果戀人中間有一方甚至占據了上司的地位，那麼更有可能會有一些心存嫉妒的人散布一些小道消息。因此，不要在工作時間帶進你們的柔情蜜意，免得成為眾矢之的。

上司的眼光很挑剔。如果你們已經決定冒天下之大不韙而相戀，那麼你就要準備好，被上司挑剔。大多數上司還是會對屬下的辦公室戀情感到頭痛：這兩個人會不會因此結成聯盟幫派？會不會在工作中互相庇護？雖然這樣的猜測並不會讓上司就此將你打入冷宮，但是一旦上司認為自己發現了上述懷疑中的任何蛛絲馬跡，他就會想辦法拆散這對戀人 —— 最好的辦法，莫過於讓其中一個捲鋪蓋走人。

給點空間。戀人總是有說不完的話，恨不得一天有 25 個小時可以黏在一起，但是這不過是戀愛最初的階段，而且持續的時間也會很短暫，24小時無間斷的相處很可能會成為困擾你的問題。而且一旦辦公室戀人之間的關係出現了問題，將會給工作帶來極大的負面影響。所以為了避免這樣的危機出現，不妨從一開始就給彼此留有一定的空間。不要將所有的時間都花在對方身上，定期和自己的朋友們聚會出遊，能夠增進你們的感情。

上中下，辦公室愛情要講分寸

　　雖然你們已經成為了情侶，但是有一層關係始終阻隔在你們中間，那就是 —— 同事，無論他是你的上司、下屬，還是普通同事，但是因為你們生存在同一片職場中，有些事情，就必須要有自己的分寸。

★ **和上司**：能力第一。職場中的年輕人，就像一朵浮雲，誰都想借力站在雲端看看遠方。不過浮雲不久就散了，有時候還會變成雨水降落消失。所以最終要想事業愛情雙收，最重要的還是靠實力。全公司的目光都已經集中在你們身上，上司對你的任何一點偏私，都會成為話柄，甚至一視同仁的待遇在你這裡都享受不到，想要不讓愛情拖事業的後腿，請在戀愛的百忙中，抽空用心工作吧！畢竟沒有幾個男人會長久地鍾情於一個花瓶。

★ **和下屬**：安全距離很重要。戀愛一旦涉及權利，就變得難以單純，無論是上司還是下屬，都是高危險的類型。所以，保持安全距離和公私分明最為重要。不過，自認公私分明沒有用，旁人是否認同才是關鍵。如果處理不當，不但會有人投訴你濫用職權，可能還會被人看成是性騷擾者，丟掉飯碗，又吃上官司，還被冠上「不職業、沒道德」的名聲，更是得不償失。

★ **和同事**：職業身分為主。辦公室戀情讓職場和生活兩個原本不相關的圈子合併在一起。所以身處複雜的形勢下，一定要清楚「私人身分」和「職業身分」。不要在辦公場合帶入私人情緒，也不要把工作中的不良情緒帶回到私人空間。兩者混為一談的話只會讓你們的關係迅速瓦解，水火不容。

第四週　獵婚週─全面出擊

第五週
挑剔週 —— 別讓自己浪費時間

第五週　挑剔週—別讓自己浪費時間

　　我已經不厭其煩地向你強調，身為資深剩女，你已經沒有多少時間可以繼續浪費了，如果再不幸誤入歧途，和一個根本不能讓你脫「剩」的男人戀愛，無疑是給你有限的青春加上了一把助燃劑。

　　其實很多失敗的愛情故事都能總結出一條經驗：第一眼看見他的時候，就並不太喜歡，但是可能因為某種原因你們繼續交往，可是當熱情退去，當初你最討厭他的那一個點，就會被數十倍地擴大，最終就會變成了你們分手的導火線。

　　所以，為了避免走更多的迂迴路線，不如讓我們在愛情的最開始，就把那些不合適的男人踢得遠遠的。

第一眼鎖定目標

　　無論男人還是女人，都是視覺的動物，在我們還沒有了解這個人之前，他的長相、服飾、裝扮，是不是符合我們的審美，也就是俗話所說的是否符合我們的「眼緣」，其實就是很明顯的。如果你和他第一眼就不來電，那麼就別把時間浪費在他身上，如果你想只看一眼就全盤了解，仔細觀察一下他的這些特徵，推測一下你們是否會有默契。這都是心理專家們用心歸納出來的經驗，準確度雖然不能保證百分之百，可是如果你願意冒險用自己的幸福去打個賭，就試試吧！

　　古人說相由心生，其實並不科學。相貌天注定，可是一個人的衣著確實是對相貌的另一種改造。更確切地說，一個人的衣著，更是由心而生。一個人對服裝的選擇與人的個性有著密切的關係。尤其是男人，服裝不僅襯托了他的氣質風度，更能反映他的品格和修養。

從色彩看他

我們生活在這個五彩斑斕的世界上，他選擇了某種顏色，就像於千萬人之中，他選擇了她一樣，不會沒有緣由。一個人經常選擇什麼顏色的服飾其實和個性和心理有著密切的關係。

★ **喜歡紅色衣服的男人**：喜歡紅色的人，往往性格強烈，充滿活力，有很強的好勝心，一旦確定了目標，就會堅定地向這個目標出發，毫不退縮，同時，他們不會因為既定的目標而忽略了身邊的事，他們同樣渴望豐富多彩的生活。喜歡紅色衣服的男人，大多都是精力旺盛的行動家，可是卻往往缺乏耐力，一旦遇到了挫折就會迅速降低熱情，由於缺乏耐心，所以情緒變化也會非常大。

★ **喜歡白色衣服的男人**：男人的衣櫥裡總少不了幾件白色的襯衫，這就像女人總少不了幾雙高跟鞋。可是如果一個男人對白色衣服太過情有獨鍾，那麼就不僅僅是喜歡乾淨整潔了。這樣的男人，應該是比較追求完美，但是內心之中卻比較寂寞和膽怯，既想隱藏自己，又希望得到別人的關心和愛慕。

★ **喜歡黃色衣服的男人**：黃色是一種充滿了心靈能量的顏色，喜歡這個顏色的衣服的男人，往往充滿了向前衝的熱忱，樂觀向上，一生中的大部分時間都在尋找快樂。他會純粹地為了讓生活更有樂趣而改變自己，和他們在一起，你永遠不用為下一個節目是什麼而擔心，但是他們同時非常渴望別人的尊重和重視。

★ **喜歡藍色衣服的男人**：藍色是平靜、和諧的顏色，喜歡這個顏色的男性很需要相對的安全感，在感情上也尋求安穩，所以個性也會比較固執，很少能採納別人的意見，而且做事有所堅持，不達目的絕不罷

手。即使遇到了讓人激動的事情，他們也會想辦法平復自己的情緒，反而很難讓人猜透他的真實想法。

★ **喜歡紫色衣服的男人**：紫色是浪漫神祕的顏色，喜歡紫色衣服的男人大多數生活在夢想的世界中，同時他們也具有非常強大的觀察力和領悟力。他們對感情往往比較敏感，不太容易控制自己的情緒，常常會因為濫用感情，給人造成不必要的誤會。

★ **喜歡棕色衣服的男人**：他是個陽剛味十足的男人，有自己的個性和想法，平常還算隨和，但是，一碰到與自己想法有差異的時刻，本質中的固執和牛脾氣，馬上都會爆發出來。他顯得很大男人，喜歡小女人的溫順和柔情，以柔克剛，是他最招抵不上的攻勢；他喜歡被需要的感受，他會顯得很溫柔，屬於那種鐵漢柔情的男人。

★ **喜歡黑色衣服的男人**：黑色讓人覺得高貴、專業，但這是最難捉摸的善變男人。他自視甚高、自以為是，喜歡隱藏自己的真面目；他不喜歡被人了解透視，喜歡故作神祕狀，也擁有強烈的疏離感和孤獨寂寞，但是又堅持保有自己獨特的品味和生活方式，因此，他容易活在自己的王國中，與他人保持安全距離。

從鞋子看他

婚姻就像一雙鞋，適不適合要穿過才知道。而鞋子和穿鞋的習慣也可以看得出男人的性格。男人的品味，也完全可以透過他對鞋子的選擇體現出來，如果你的功力再高深點，就可以像那部經典的電影《女人香》一樣，看鞋識男人。

★ **穿普通款鞋子的男人**：這說明他的經濟條件普通。如果他的鞋子雖然普通，但是乾淨整潔，那麼說明他是一個對生活很有規劃的人，而且

喜歡精打細算，更加注重商品的實用性。也就是說，他就是所謂的居家好男人。和這樣的男人生活在一起，雖然不一定會是富足奢華，但是他卻會給你安穩的生活，讓你永遠不必為明天的生活擔憂。但如果，他的鞋子不但樣式普通，還骯髒邋遢，那麼他整個人就會和這雙鞋子一樣。而他的生活也會同樣的混亂不堪。

★ **穿名品鞋子的男人**：懂得選擇名品鞋子，這至少說明他的經濟條件不錯，而且品味尚可。很可能是事業有成的多金男，不過不能排除他是一個愛慕虛榮的人，如果你沒有出色的外表，也不會讓他側目。更為可怕的是，他很可能非常地自戀，針對自己的外表，也會不惜一切代價。

★ **穿同一款式鞋子的男人**：喜歡某一款式的鞋子的男人，通常很念舊。對於自己習慣的人、事、物，存有深深地依戀。他的周圍會有很多朋友，在他們需要幫助時，他會隨時伸出援手，所以也很討異性喜歡，但是一旦他選定了自己的另一半，就不會輕易放棄。

★ **穿鞋很節儉的男人**：其實，並不是所有男人都像女人一樣喜歡準備很多雙鞋子，在鞋架上隨時等待自己的挑選。如果男人買一雙鞋子之後，就會非常珍惜它，希望鞋子能穿久一點，可以節省一筆置裝預算，而他鞋櫃中的鞋子，「鞋齡」都很長，那麼，從個性上來說，他就會更加地保守、拘謹，甚至有點落伍。如果你和這樣的男人約會，哪怕是第一次，他就已經會為你們的孩子取什麼名字而想入非非了，所以在你決定前，一定要想清楚！

★ **穿鞋隨便的男人**：千里之行始於足下，如果一個男人對自己的鞋子毫不在意，亂穿一通，在個性上，他也是不拘小節，甚至不按常理出牌。生活和事業都沒有什麼條理，如果你仔細了解他，就會發現他除了每天做白日夢，什麼都不想做。你若是愛上了他，會發現他的感情

第五週 挑剔週—別讓自己浪費時間

世界紛亂複雜，常常是忘不了舊愛，又拒絕不了新歡。三角戀、四角戀糾纏一起，而當一切紛爭引爆時，他會選擇「逃開」。

★ **穿黑色皮鞋的男人**：他穿黑色皮鞋，還把鞋面擦得油亮，一塵不染。如果他休假或者和你約會時也是穿著亮晶晶的黑皮鞋，那麼他很可能是個完美主義者。黑色皮鞋是所有皮鞋中最中規中矩的，鍾愛黑色皮鞋的男人，也是傳統型的男人，他們的骨子裡是不折不扣的大男人主義，而且非常尊重父母的意見。如果你愛上他，就別想只是和他一個人在戀愛。

★ **穿休閒鞋的男人**：穿休閒鞋子的男人，更注重生活的舒適感。而且更注重鞋子的款式，還要搭配合適的服裝。在個性上，他喜歡掌握主動權，主觀意識強，對自己的要求很嚴格，對異性的要求更是挑剔。在生活上，是個有規律的計畫者。他是個十分體貼的好情人，態度溫和有禮，所以和他約會時，即使你不合他的理想，他也會很親切，別以為他對你有好感，他只是有紳士風度而已。

從手錶看他

雖然隨著時代的進步，可以看時間的工具越來越多，但是手錶卻從來沒有真正從男人的世界中離開，而今它的裝飾作用也遠大於實用價值，但這卻為我們提供了一條有效的線索。所謂時間就是金錢，透過他對手錶的選擇，我們多少能夠看出他的性格和價值觀念。

★ **戴機械手錶的男人**：機械手錶，是勤奮獨立的象徵，習慣戴這樣手錶的男人，也有很強的獨立意識，凡事喜歡親力親為，不喜歡別人參與，這也會讓他的性格中存在孤僻的成分，不太善於社交，而且急躁，一旦定下目標，就希望不惜一切代價馬上完成。他們是務實派，

討厭不勞而獲，而你和他們在一起，你也別指望常常聽到花言巧語地討好。

★ **戴電子手錶的男人**：電子手錶初衷其實就是，功能簡單，價格便宜。所以偏愛這類手錶的男人，大多在生活中也是勤儉節約、精打細算，而且想法比較單純簡單，既不喜歡複雜的事情，也不喜歡把事情想得複雜，但是他們在為人處世方面卻比較坦率和認真，不是隨便的人，對待愛情也是堅貞不渝，愛恨分明。

★ **戴懷錶的男人**：如果喜歡機械錶的男人就像飛快旋轉的齒輪，那麼喜歡戴懷錶的男人，骨子裡就更崇尚慢活的感覺。在繁忙的瑣事中，擠出時間來悠然自得地做自己喜歡的事，不是誰都能有這份雅興的。顯而易見，他們喜歡懷舊，喜歡收集老東西，而且具有一定的學養，言談舉止高雅脫俗，和這樣的男人交往，你們的生活也會多一些浪漫色彩。

★ **戴金錶的男人**：金錶除了是一種裝飾，更是一種享受物質生活的象徵，戴金錶的男人大多過著衣食無憂的富足生活，這也和他們的性格有很大的關係。在他們的很多觀念中，都是寧缺毋濫，不會為了蠅頭小利而放棄遠大的目標。因此，他們思想堅定，思考敏捷，具有果斷的判斷力，並且往往能夠透過表面現象看透事物的本質，和這樣的男人交往最主要的是保持和睦坦率的關係，不要企圖用小手段來博得他的好感。

★ **戴潛水手錶的男人**：潛水手錶的功能性很強，但是很多男人也喜歡日常佩戴，他們往往是某些專業人才，追求高級生活的質感，精力充沛的樂天派。和這樣的男人生活在一起，隨時要跟上他的步伐，準備迎接新的一天。

★ **戴不同時區手錶的男人**：他的錶盤上有不同的時區，如果他不是個忙得不可開交的空中飛人，那麼很可能就是一個超級的夢想家。他希望環遊世界，但事實上卻毫無行動，借助於手錶上不同的時區，想入非非。和這樣的男人在一起時，女人可能會比較累，因為他們很喜歡把自己封閉在自己的世界裡，現實的生活，就要靠女方多多費心了。

★ **不戴手錶的男人**：他們勇於打破常規，不向傳統低頭，更不喜歡別人對自己的生活指手畫腳。他們喜歡特立獨行，並且能夠持之以恆不達目的不罷休。他們桀驁不馴的性格往往能在第一時間吸引異性。

二見鍾情，在約會中看透他

你已經學會了，如何透過第一眼判斷出他的性格，如果你覺得他基本上還屬於你想進一步交往的對象，不妨試著和他約會看看。但不要光聽他的甜言蜜語，其實約會之中還有很多門道，讓你看穿他的心。

從約會地點看透他的人生觀

約會地點，這種看似漫不經心的選擇，其實是有著強烈的個人色彩的，而這種個人色彩，不僅能看出他對某一地點的喜好，更能透視出他的性格，反映他的心情，甚至能夠了解他的人生觀。

★ **車站**：他不指定約會的目的地，而是在附近的車站見面，並和你一起前往。這說明他是一個很單純的人，無論他的年紀多大、閱歷多廣，在他的內心深處始終保留著對學生時代純真愛情的嚮往，由於這種性格，他所欣賞的，必然也是細水長流式的愛情。

★ **飯店大廳**：他約你在飯店的大廳見面，不在乎來往賓客目睹你們的約會，也就是不在乎自己的隱私曝光。這種人通常心胸坦蕩，膽量夠大，有足夠的自信，即使別人已經對自己構成了某種威脅，仍然有十足的把握能夠解決，是能夠給女人安全感的男人。

★ **茶樓**：古色古香的茶樓，是近幾年逐漸興起的，新時代老風情，偏愛這種調調的人，思想也極為謹慎和保守。他們總希望在這種繁華都市中的桃花源，能隱藏自己的真面目。回憶一下，諜戰電影中，地下工作者交換情報的地點，無一例外地都選擇了茶館，所以他的骨子裡，似乎也在隱藏著什麼祕密，所以你也要打起精神哦。

★ **餐廳**：無論他約你在哪種類型的餐廳見面，都說明他是一個中規中矩，凡事喜歡墨守成規的人，他不喜歡譁眾取寵地創新，也不喜歡用浪漫去打動人，但是他們對待感情也很忠實，不會被花花世界輕易打擾。

★ **酒吧或俱樂部**：他們對生活有著強烈的熱愛，不掩飾自己貪玩的心態。在他們心裡，酒吧、俱樂部這樣的場所，能夠滿足對方的很多欲望，而且可以名正言順地以娛樂的心態對待這段感情。這種類型的男人，某種意義上有些沽名釣譽，覺得這樣的約會場所能夠提高自己的身分。

飯桌上看男人

如果他沒有給你那麼多的選擇，而是率先地選定了某家餐廳，這也不要緊，看看他點菜的習慣，也能看出他的性格。

他只點自己喜歡吃的菜。這種人做事果斷、不拖拉，但是卻不計後果的正確與否。他的性格內也隱藏著霸道和自私。不過對於迅速點菜的人，也有幾種情況值得注意，如果他是先看價格，然後迅速作出決定，說明他是一個比較理性的人；如果他什麼都不管，只點自己喜歡的菜，那麼說明

他是一個很注重自我感受的人；如果他是在比較了各種價格後，才做出的決定，那麼他很可能是個吝嗇的人。

他和對方點同樣的菜。如果他不是在故意討好你，製造默契的假象，那麼這種人，通常都習慣了順從，缺乏主見，做事很謹慎，卻往往忽略了自我的真實感受，相對地缺乏自信，常常會受到別人的影響。在你們約會之後，他很可能會把你的一切告訴家人或者朋友，聽聽他們的建議，再做決定哦。

他不看菜單，直接說出自己想吃的東西。他胸懷開闊，想問題不習慣拐彎抹角，喜歡或者不喜歡，都會直言不諱地告訴對方。所以和這樣的人交往，不用去費心地猜，但缺點是，有時候他的話說得太直，以至於到了尖酸刻薄的地步，很難顧及對方感受。

他一邊點，一邊詢問對方的意見。他做事一絲不苟，安全第一。這種謹慎往往是因為過分考慮到對方的立場。所以他們很會替對方著想，足夠體貼。

酒後吐真言

雖然在最初的幾次約會中，男女雙方都會盡力掩飾自己的缺點，希望給對方留下一個美好的印象，但是有一句話說得好，酒後吐真言，酒精在麻痺大腦的同時，也會讓人放鬆警惕，不知不覺顯露出真面目，即便是他不吃這一套（很少有人會在第一次見面就喝得爛醉如泥，除非他是個酒精成癮症的重度患者），你也可以看看他小酌時的態度，來判斷出他隱藏的性格。

★ **自斟自酌**：不勸酒，也不幫對方倒酒，喜歡自斟自酌的男人往往拙於交際，不善言辭，個性也比較孤僻，但是心裡卻是非分明。

★ **向女性勸酒**：這類男人分兩種，若是他先問過了「要喝一點嗎？」才開始倒酒勸酒，說明他是一個很喜歡分享的人，尤其想和自己心愛的人分享美好的事物；如果他不管你的意見，便一味勸酒，說明他是一個控制慾極強的人，希望別人總是順從自己。

★ **反覆乾杯**：舉杯便乾的人，表面看起來可能很溫和，但實際上個性卻很頑固甚至無情。這種人的精神狀態通常也都不太穩定，渴望最後能夠逃避現實。

★ **酒後愛笑**：酒後不停發笑的人，說明他們潛意識裡希望自己能夠笑得開懷。或許他們平時的生活過於緊張，才會讓他們在酒後借大笑來放鬆自己。他們處在一個高壓的職位，可能有個嚴屬的上司，也可能從小家教森嚴，這一類人，從小就希望自己能夠做到完美，所以給自己很大壓力，也讓別人很累。

★ **酒後不停地說話**：剛見面時，還有些靦腆，可是兩杯酒下肚，話匣子便打開了，從此滔滔不絕。這類人，乍一看去，似乎很開朗健談，但實際上他可能是一個極度內向的人，而且人際關係也不算太好。一直以來他們都在憑藉著一絲不苟的性格壓抑著自己的真實情緒，一旦爆發會十分可怕。

★ **酒後流淚**：剛剛還很健談，可是不知不覺，他卻在酒精的催眠下淚流滿面，這種人不要被他剛才的表現所矇蔽，其實他的性格中有著消極自卑的成分，在日常生活中曾經遭受過嚴重的鄙視，或者心裡隱藏著很多的委屈。這樣的人，一旦愛上某人，也會壓抑自己的感情，不太會主動表白，但是大多數屬於誠實待人者。

★ **酒後唱歌**：喝過酒過後，會不自覺地哼唱歌曲，或者提出 K 歌要求的人，是天生不畏懼失敗的勇敢者，會在工作中把自己的特長發揮得淋

漓盡致；是樂觀進取者，很少會做出脫序的負面事情。

★ **酒後抱怨**：喝完酒後，不停地抱怨生活、工作，甚至前女友的男人，大部分屬於喜歡借酒澆愁型，但是酒入愁腸愁更愁，這類人很少會積極地面對問題。一旦出現問題，他只會不斷地壓抑和忍耐，但是卻無法真正得到釋懷，也缺少寬廣的胸襟。

對他深入了解，多方取證

如果，他已經經過了前面兩關的初步考驗，並被證實可以進一步交往，那麼可以嘗試著深入地去了解一下他，走進他熟悉的環境看一看，走進他熟悉的人看一看，只要他不是你的真命天子，你總能發現蛛絲馬跡，讓他趕快出局。

從送禮物看男人

不是女人太物質，但是一個不肯送禮物給女友的男人，絕對不是一個值得嫁的男人。他或許是過於謹慎，不想在結果未知的狀態下做投資，或者是太過小氣，可是無論哪種理由，這樣的男人都不值得女人花費更多的時間。即便他送了禮物給你，也不要就那麼欣然接受，說不定他是別有用心哦。

★ **送果籃禮盒給你的男人**：如果你的男友只會在出差後給你大包當地的特產，或者是週末去拜見父母時，提著現成的水果禮盒之類的東西，那麼你可以給他打上一個笨拙的標籤了。如果你想找的是一個體貼的情人，他真的不是一個好的選擇。你越是期望得到驚喜，就越會一次一次地失望。不過，笨拙的男人未必就是吝嗇的男人，未必就不是一

個好的伴侶，他只是沒有養成好習慣。如果你想讓他在送禮物這門課程迅速地畢業，那麼可以不經意地在他面前透露一下你對某件東西的喜愛，或者把推薦精美禮品的雜誌擺在他一眼就能看到的地方，相信「朽木」也是「可雕」的。

★ **在約會前送你禮物的男人**：如果他每次總是選擇在和你約會前送上禮物，然後趁你在感動之下，帶你回家，這樣的男人是天生的投資者。他甚至把送你的禮物也當做一種投資。既然是投資，他就要得到回報，如果你還沒有作好準備，奉勸你還是不要接受他的禮物，否則他會對你糾纏不休，既傷情感，又傷情面。

★ **送你實用禮物的男人**：如果當你羨慕別人的男友送來的九十九朵玫瑰時，你的男友卻高興地送了你一臺新上市的電烤箱，還會甜言蜜語地告訴你，鮮花總是會凋謝的，不如送你些實用的東西，更有價值。你心裡覺得有些道理，可是不要放鬆警惕，這次送你一個電烤箱，下次送你一臺洗衣機，在你們結婚前，他就把所有的家用電器湊齊了，而且沒有浪費一分錢，就把你娶回了家，這樣精打細算的男人未免小氣得讓人心寒吧！

★ **甜言蜜語當禮物的男人**：其實真正吝嗇的男人，連婚前的付出都不願意。禮物？「和你在一起，就是上天賜給我最美好的禮物了。」可是他似乎也和你心靈相通了，在他看來，他也已經是上天送給你最好的禮物了，你還需要什麼呢？慷慨的男人各有各的慷慨，但吝嗇的男人都一樣。我們必須承認的是，吝嗇在很多時候並不是男人成功的障礙，反而因此使他們出類拔萃，柯林頓的身上從來不帶錢，布萊爾是出名的小氣鬼。很多時候，吝嗇的男人更讓我們放心：一個小心翼翼地看管著他的錢財的男人，至少我們知道他是有錢的。

第五週　挑剔週—別讓自己浪費時間

從照相的姿勢透析他的性格

　　情侶相處，難免會一起出遊，拍照留念。俗語說站有站相坐有坐相。平時，我們可能都會注意自己的體態姿勢，可是面對照相機，就不會那麼拘謹，反倒是不經意間，可以讓你從他喜歡的姿勢中看透他的性格。

★ **喜歡雙手抱胸的男人**：他們屬於生人勿近的防禦型男人，這種人往往事業未成或剛起步，對於未來有希望和信心，但並沒有萬事皆在掌握之中的確定感。這種姿勢暗示自我保護與鼓勵，並沒有攻擊性。

★ **雙手下垂的男人**：這類男人，照相時雙手下垂，微握拳或貼著褲縫邊，身體僵硬，背直挺或微往內收，他們是典型的小心翼翼的退縮型男人。他們並不一定生活在自卑的條件下，但是卻總是對自己不自信，或是唯恐被周圍的人看不起，團體活動時總坐靠後靠邊的位置，除非被點名才往眾人眼光焦點處靠近。這種人內心很關注別人的看法，但因性格內向，喜歡獨處，往往與他人溝通不暢。

★ **下顎上抬的男人**：他們微微抬起下顎，眼神堅定，雙腳穩穩站定，有這樣照相習慣的人，通常胸懷大志。他們往往處於事業的全盛時期，人生閱歷也很豐富，對自己的一切充滿自信，不過要考慮到這類男人，在具有穩重性格的同時，肯定也不會是春風得意的美少年了。

★ **肢體舒展，笑容自然的男人**：這種人屬於笑看人生的釋放型，他們此時可能是對現狀非常滿意，或許是否極泰來，對人生起伏已能一笑置之。

★ **沒有過多表情的男人**：從他們的照片中看不出過多的表情，但是他們也不是四肢緊繃、表情僵硬，他們只是一本正經的謹慎型男人，這類人可能事業家庭四平八穩，也可能是對事業、家庭認真、謹慎的表現。

四周包圍中央，從外圍看透他的心

男人都愛看美女？

　　男人是視覺的動物，一切美好的事物總能吸引他們的眼球，但是不同性格的男人，在遇到美女的時候，反應和態度都不同，如果你不想誤嫁一個多情色狼，那麼不如找個美女聚集地，考驗一下他的反應吧！

★ **兩眼發直**：這樣的男人，通常是沒見過什麼美女，頗有些劉姥姥進大觀園的狀態，見到美女就如同見到了外星人，當場發傻，就差沒有現場暈倒。這類男人，雖然讓女友覺得有些丟臉，但是貴在內心坦誠，不過是抱著一顆欣賞美的心，可愛而不做作。

★ **故作鎮定**：當美女出現時，即使已經心猿意馬，卻還是左顧右盼，故作鎮定，假裝出一副不屑的樣子，卻又控制不住自己的眼球，機械地做窺視運動，這種掩耳盜鈴式的態度，足以讓人斷定他的虛偽本質了。

★ **主動出擊**：看見美女，不管女友是不是下一秒就要出現在他面前了，仍然會主動去搭訕，哪怕就是簡單地問一句幾點了。這種男人，通常就是所謂的色膽包天，一旦被美色所吸引，常常是置之死地而後生，豁出去了，即便是在婚後，也很難因為婚姻的責任而自重。

★ **視而不見**：看見美女毫無反應的男人，女人也不要以為自己就撿到了一個柳下惠，其實他不是要求太高，就是沒有正確的審美觀，總之有點另類了。

第五週 挑剔週—別讓自己浪費時間

從接吻中了解他的感情史

如果你已經對他進行了完整的考驗，但他就是對過往的情史守口如瓶，而你有自信，他的過往不是一張白紙，那麼還有最後一個「撬開他的嘴」的方法 —— 接吻。透過他和你接吻的方式，你就能夠看穿他過往的情史。

★ **蜻蜓點水式**：如果你們在接吻時，他總是蜻蜓點水式的，那說明他很羞澀靦腆，生怕你會抗拒。在你的主動誘惑之下，他才鼓足了勇氣。可是，當他的雙唇碰上你的雙唇的時候，他就像觸電似的，立刻就止住了……你可能會覺得這個男人太沒有情調了，可是從他蜻蜓點水式的接吻方式，足以證明他從沒和女生接吻過，這是他的初吻。能獲得一個男人的初吻有多珍貴，想必你很清楚。

★ **瘋狂激吻**：他能給你瘋狂的激吻，但是你在享受瘋狂激吻的同時，是否想過這個男人絕對是情場老手了呢？他深諳女人的需求，可以從女人的細微反應中知道女人的感受，並以此作為下一步行動的依據。女人大都很介意男朋友有過漫長的情史，覺得男人花心。可是，男人有幾個前女友並不要緊，最重要的是此刻的他有幾個女朋友。有過豐富情史的男人，深懂女人心。在你們的戀愛交往中，他會時常給你一些驚喜，製造很多的浪漫時刻。

★ **額頭輕碰**：這是連續劇或者電影裡常會出現的鏡頭：男女主角要分別了，男主角總會摟住女主角，深情地在她的額頭印下自己的一吻；孩子要睡覺了，父母總會在孩子的額頭親吻一下，溫柔地說聲晚安。如果他也這麼做了，代表他積極創造人生，善於適應環境，有良好的人際關係，對伴侶極其溫柔體貼，有著如父親般的關愛，不允許你受到

任何傷害。一些有著戀父情結的女孩喜歡找個大叔來關愛自己，這種男人就是一個很好的選擇。

★ **咬住耳朵不放鬆**：耳朵是女人的一個敏感部位，當男人親吻你耳朵的時候，感覺癢癢的。他把你的耳朵緊咬不放鬆，很可能在之前的感情上受到過傷害。當他再投入一段感情的時候，他就會緊緊抓住。在感情上，他敢愛敢恨，也很會利用別人達到自己的目的。這種男人在事業上是個強者，他會為了成功運籌帷幄，把身邊一切資源善加利用。

五種危險關係，八種危險男人不要碰

女人害怕的五種危險關係

● 不要和老男人糾纏不清

有人說愛上老男人就像喝一杯紅酒，外包裝精緻而講究，成色豐厚且神祕，抿在嘴裡甜中帶澀，不論最後是真愛或是不愛，至少它代表著女人對男人價值魅力的一種品味和眼光。他們在事業上游刃有餘、他們的悲情經歷、創業歷程是一部特別吸引人的小說；他們有容乃大、無欲則剛的生活哲學顯得高深莫測。說到底，他們就是愛情故事裡極力渲染的男主角形象。

與小男孩在戀愛中的容易犯錯相比，老男人讓女人充滿安全感和穩定感。他會寬容大度地接納你的小缺點，會在你覺得困惑的時候輕易地化解你的疑難，談到人生的時候，「一言難盡」的嘆息又激發了女人與生俱來的憐憫之心。總而言之，與小男孩相比，老男人近乎完美，就連他的缺點也構成了獨特魅力的部分。

第五週　挑剔週—別讓自己浪費時間

　　老男人對敗犬女致命殺手鐧 ——

　　財富吸引力。老男人有錢，這是老男人的基本特徵。他們在經濟上的不為所慮，為他排除了浪漫愛情裡最大的障礙 —— 他們有足夠的經濟基礎可以支撐一個理想中所追求的愛情天空。敗犬女經濟獨立，有自己的品味，怎麼不會愛這樣的一個棋逢敵手呢？

　　角色吸引力。哪個女人不希望在被愛的同時被寵呢？所以，他多數時候都是你撒嬌的對象，即便是厭倦了，也絕不會輕易把厭煩表現在臉上，讓它變成爭執的導火線。

　　態度吸引力。老男人對事業的執著、對工作的投入、對生活的淡定和樂觀從容的態度使他給人穩健和安全的感覺，這正是敗犬女想要和追求的。老男人那種任憑暴風驟雨依然泰山不移的姿態，讓所有敗犬女都折服。

　　經驗吸引力。這是老男人最能贏得女人心的一部分。他們有應對各種複雜狀況的經驗，在女人遇到難題的時候，他們可以不費吹灰之力化解對方的疑慮，使其安心。經驗所造就的沉穩和老練的處事風格，也讓女人對老男人產生強烈的信任感。

　　然而，所有的老男人，真的有那麼好嗎？

　　我們在和老男人戀愛的女人中進行調查，她們如願以償地跟比自己大十歲左右的老男人在一起。

迷思一：老男人一定很寬容？

　　娜娜：決定嫁給那位老男人，腦子裡浮現出的第一畫面就是公主般的任性無度，胡作非為，隨心所欲。他比我大 12 歲，理所當然會讓著我。可是事實不是這樣。每次吵架過後，我嘟著嘴氣呼呼坐在沙發上看電視，多希望他從書房走出來哄哄我。

迷思二：老男人一定更成熟？

阿雅：他比我大十歲，照理說應該是成熟和懂事的年紀，但因為他是獨子，在家中的嬌生慣養，為所欲為慣了，叫他幫忙打掃，他會跟你討價還價半天，非要你拉下臉來對他生氣，他才會嬉皮笑臉地認錯，乖乖地照你說的去做。有時你在旁邊生了半天氣，他根本不知道。忽然抬起頭問一句：咦，寶貝你今天好奇怪哦，怎麼一個人在陽臺上站那麼久？吃飯吃得太飽了嗎？一句話令人哭笑不得。

迷思三：老男人一定會照顧人？

Smile：算了吧！老天有眼，向來都是我照顧他。需要任何東西，他馬上就會扯著嗓子喊老婆，老婆我的菸灰缸在哪裡？老婆我的襪子在哪裡？老婆我昨天還在看的書在哪裡？……其實那些他大叫找不到的東西，十之八九就在他面前的桌子上，只是他習慣了對方照顧，懶得彎腰去看。

迷思四：老男人一定不花心？

艾米：第一次失戀是因為交往了三年的初戀男友移情別戀，後來認識了比我大十歲的老公，很快跟他結婚，以為他老牛能夠吃到我這棵嫩草就會收心，不會再像我的前男友一樣。

每次問老公愛不愛我，他都會很順口地說「寶貝我最愛的就是你了」。順口得以至於讓人懷疑這些話是因為慣用而脫口而出的。他在女人堆裡經驗豐富，羅曼史十隻手指頭都數不完，杯弓蛇影，不免讓我疑神疑鬼。

曾經有個老男人提出結論：謊言說多了，也就成了真理。這句話套用在男女之事上，我把它解讀為：男人說真話，上帝就笑了；女人談戀愛，上帝就傻了。

第五週　挑剔週─別讓自己浪費時間

有這樣的一個測驗：讓不同男人對兩個他並不愛的女人表達分手的意願，小男人對 A 女人說，我不想騙你，但真的沒喜歡過你。A 女人揚長而去，形同仇人；老男人對 B 女人說，你是我今生最愛的女人，但我卻不能擁有你。B 女人大為感動，依依不捨含淚而去。

老男人深知，說謊，是為了迎合女人的需求。男人不說謊，是會被女人掃地出門的。所以，老男人雖有千般好，但女王們一定要在真實和謊言中辨別出他真正的含金量。

● 不要在姐弟戀中自慚形穢

相對於敗犬女，我們必須提到「幼齒男」。

隨著娛樂圈裡姐弟戀盛行，敗犬女開始思考，也許幼齒男是一片值得開墾的處女地？當我們身上帶著成熟，甚至是母性的光輝，「小跟班」這個稱呼，充滿了曖昧，但誰都不能不承認，當我們說出這個詞的時候，腦海當中閃現的很可能是一個青春唯美、略帶羞澀的乾淨笑臉，他可能是《情書》中的少年藤井樹……成熟的女人，很容易在他清澈的目光裡淪陷。

幼齒男還不夠成熟，所以難免會有一些任性、調皮和叛逆，他們可能會很容易受到身邊朋友的影響，而跟輕熟女的關係時常處於依賴和被依賴的狀態。這個時候，身為能夠主導愛情的輕熟女來說，就是一種挑戰了。

年紀上我們不占優勢，那麼那些專屬於小女孩的任性和胡鬧自然應該遠離我們。我們總是要展現姐姐般的幹練、智慧和溫暖，展現「熟蘋果般深厚的香味」，而不是鮮花膚淺的流香。

我們必須在男人疲憊的時候張開溫暖的懷抱，必須用姐姐般的善解人意來緩解他的壓力和憂鬱。雖然女人外表柔弱，但隨著閱歷的加深，這種

堅強會越來越明顯，對男人也更有包容力和理解力。

累不累啊？

成熟的女人是心靈的捕手，理性但不衝動，會關心人，也更懂得含蓄。所以，成熟的女人更容易成為男人的紅粉知己，懂得掌握分寸。給予關懷，但不給藉口；使其感動，但不會讓男人變得衝動。

在愛情面前，小女孩總是先想到自己，而輕熟女就如同一枝鏗鏘玫瑰，即使面對風雨，也能傲然綻放，我們得懂得愛自己，照顧自己，而不是向男人索取。

憑什麼啊？

輕熟女能夠在事業上給予小男人幫助，在小男人遇到迷茫求救的時候，輕熟女會不自覺地拿出耐心來指導，這種被人需要的滿足感，就如同母愛的無私。

● 錯把藍顏當情人

藍顏知己，是真正了解女人心理，了解女性情感的男人，不會時常為女人的喜怒哀樂而牽掛，卻會在見面的時候為她的每一滴眼淚而心疼，會為她每一次笑容而欣喜，是女人在受傷委屈的時候第一時間想起的人。女人總有許多話不能告訴自己身邊的男人，也不能告訴最親近的女性朋友。於是，尋覓一個可以關心她愛護她，卻又不會讓她痛苦折磨自己，去想去愛去恨的男人。藍顏知己，可以隱晦地說，是兄弟，是姐妹。是對方沒有把自己當成女人，自己也沒有把對方當成男人的關係，其實越是這樣不斷地重申，就越是擔心自己會走出那一步。知己是很危險的關係，稍微向前一步，就會失足出軌。

男人對女人好的目的，不是得到這個女人的心，便是得到這個女人的

第五週　挑剔週—別讓自己浪費時間

身體，僅此而已。而女人對男人好的目的也不外乎如此，只是得到身體的慾望不及得到心的欲望來得真切。女人更在乎的是心，得到一個男人的心比得到他的身體更讓女人驕傲自豪，而男人在乎的卻是身體，得到更多女人的身體比得到更多女人的心更值得炫耀，但得到太多的心，只會為男人帶來負擔。女人要是想一輩子拴住藍顏知己的心，只有做到一輩子不讓對方得到自己的身體，還要做到讓自己在他心裡的地位一直都不變，只有付出才會有回報，你的關心自然也會得到對方的關心。

女人應該明白知己與伴侶之間的差別。知己可以說真心話，卻不能互相取暖，知己之間唯一的取暖方式只能是心靈的取暖，千萬不能變成身體取暖，否則知己就會面臨兩個結果，要麼失去對方，要麼升級成為情人。一旦失去知己，你會比失去伴侶還要痛苦。

男人的紅顏知己是可以一輩子尊重的女人，不會有任何非分之想。女人的藍顏知己卻是可以一輩子傾訴煩惱發洩痛苦的對象，他無償地付出與關愛，只是因為他對你心中有愛，如果你要他永遠那樣疼愛且珍惜你，就永遠不要讓你的藍顏知己上你的床。

● 落入已婚男人的桃花陣

你是我見過的最可愛、最美麗……的女人，我愛你。你接受他的讚美，但不要被讚美沖昏了頭。記著，在對你說這句話以前，已不知道他當初對自己的老婆和前前前女友說過幾百遍，他信手拈來，但你還覺得很新鮮。

我沒結婚。他確實看上去很年輕，風流倜儻，無人不愛。但這種男人往往得了失憶症，在你愛上他之後，會猛然告訴你他結婚了。真讓人鄙視。

我極力克制自己，但是抵擋不了你的誘惑。看，是你誘惑他，可不是他招惹你。這種已婚男人就是得了便宜還賣乖型。你還是將其踢出局發配邊疆為好。小心，他是情場老手，你是戀愛新秀，你們不在同個量級上，你玩不過他。

我們只是聊聊天。飯店樓下，他邀請你上去聊天，於是那個晚上你再也沒出來。別以為自己有多大的抵抗力，年輕的荷爾蒙加上有經驗的他的挑逗，一場緋聞就此誕生。繼續愛他還是放棄他？天一亮就成為你最頭痛的問題。

我不能給你未來，但此刻我是真心的。他把醜話說在前，看似光明磊落。不過，如果終歸沒有未來，你又何必和他浪費時間？

請你再給我一點時間。一點時間是一個含糊的概念，什麼叫一點時間，一小時？一天？一個月？一年？一點時間也可以等十年。如果你願意等下去，一點時間甚至可以是你的一生。

你不會懷孕。有經驗的他知道怎樣使用保險套。可是，多年後，當你偶然遇見此人抱著大胖兒子和他老婆其樂融融時，你會忽然恍然大悟，原來，他還是有不使用保險套的時候啊！原來，也是有幸福的女人可以為他懷孕啊！但顯然你不是。覺得不公平嗎？晚了。

我生活得很不幸福，我的妻子不了解我，我十分痛苦。請相信他確實很痛苦，但他痛苦的主要原因是因為還沒得到你。幸福是一個巴掌拍不響的事，不幸福就把責任推給妻子，這種人有什麼值得愛的？

我明天就去和她說。放心，他一輩子也不會說。他會和妻子一直生活下去，有耐心的話，也能周旋在你和她之間。但你永遠只是他生命裡的電光石火，而別人才是他的山河歲月。

我真心地想跟你說對不起。結束之前，總會說點好聽的，接受他的道

第五週 挑剔週──別讓自己浪費時間

歉，無法解恨的話，回一記耳光吧！畢竟，沒有更好的辦法可以彌補了，那些賠上的青春，損耗的愛情，增加的傷口。要注意的是，請別再犯同樣的錯誤。

● 別和那些特務男玩神祕遊戲

這種人，照片沒有，身分沒有，詳細資料沒有，各方面資訊都沒有，不肯在任何地方多做交流，直接甩給你一個電話號碼。

有兩種可能：一、身居顯要，不易暴露身分。二、這只是他想犯罪的一個好管道。

還有人，見了面之後，對自己的一切諱莫如深，卻對你情烈如火，各種表現如絕世情種，以種種手段與你發展神速。在這種情況下，姐妹們可要警惕喲！說不定在獻身之後的某一天早上，他就美國特務一樣，從此人間蒸發。你會發現，那句「對不起，你所撥的號碼是空號」將成為你們關係最後的休止符。

這樣的男人魅力無限。你在剛認識他的時候往往感嘆，哇！這麼多金的男人怎麼恰好空窗期！你覺得自己很幸運。這時候，最好用力地掐自己一下。冷靜地想想，自己中五百萬的機率有多高？他們看起來成熟穩重有魅力啊！沒錯，他們通常把自己裝扮成「留學歸國人士」、多金男和儒雅商人，出入於各種相親場合或者很會在公共場所製造邂逅。說他們很忙，沒時間談戀愛，卻出來解決生理需求一點都不吃虧，甚至說他們預謀騙色也未嘗不可。

自謂智慧和自我保護能力超強的女性，以身試險未嘗不可，說不定是條大魚，但羊入虎口的可能性或許更大。所以，純真善良的姐妹們，「勿謂吾言之不預也」。

　　曾經有一個好姐妹，突然神祕地消失了一週之久，在我們的「嚴刑拷問」之下，她承認自己在飛機上認識了一個美籍的生物博士，兩個人一邊尋訪故里，一邊譜寫愛情篇章，竟然玩到決定閃婚的地步。可是閃婚當天，「生物博士」無影無蹤，連她自己都反覆掐大腿，一切彷彿黃粱一夢。我們幾個姐妹分析，他不過是出差途中需要一個免費的私人伴遊。還好只是失身而已，其實身也不算失，畢竟身體的愉悅大家都有分享。可是要玩閃婚不免太腦殘。

　　所以，姐妹們擦亮眼睛，這種「特務型」的男人，可以是你二十歲神魂顛倒的對象，甚至可以是你小試牛刀的好對象。但是身為一名渴望婚姻的 OL，還是生人勿近，不要在這種男人身上浪費時間的好。

別在這些男人身上浪費時間

　　的確，每個人都有自己的缺點。我們總是抓住某個缺點不放，是不是太吹毛求疵了？

　　不是。要知道，不是每個缺點，都容易且可以改正的，有些看似只是小問題，但是卻會在兩個人的交往中形成「致命傷」。有些問題，我們的確可以透過磨合和寬容解決，而這一節中，我們要提醒大家的是，不要在有下列致命缺點的男人身上浪費時間了。

● 「大男人主義」混帳男

　　具有「大男人主義」傾向的男人，毀掉溫馨甜蜜的情感生活。

　　身為一個熟女，你應該很清楚，「大男人主義的男人」可不是言情小說裡霸道的溫柔。

　　如今大男人主義的男人不在少數，只不過多數都隱藏在良好教養的外

第五週　挑剔週—別讓自己浪費時間

表下了。如果說有點大男人主義是很有男子氣概的表現，那麼隱藏頗深徹頭徹尾的大男人主義者，則是上班族女性的剋星。不信請看下面，是最典型的傾訴求助者。

Coco 與大男人相處筆記

傾訴者：Coco，女，27 歲，Dell 銷售

我與男友交往快兩年，剛開始交往時他就說自己大男人主義，我想所謂的大男人主義應該是保護欲、占有欲強吧！覺得也沒什麼不好，就這樣交往了兩年，可是在這兩年中，我們爭吵越來越多，主要原因如下：

我覺得兩個人在一起應該是平等的，互相關心的。可是他要求當「老大」，什麼都要他說了算。在外面大多時候我都比較注意，不會去跟他爭什麼，但我們私下很多時候都會有爭執，他覺得我在跟他頂嘴。還問我：為什麼他教訓我的時候，我總是跟他頂嘴？

他在外面通常對我都比較冷漠，有第三個人在場的地方都算是外面，尤其是在他家人朋友面前，他不太會照顧我，他覺得這樣才能顯示出他的地位和我對他的順從。舉簡單的一個例子，今年暑假，他家某遠親結婚，我和他家人一起去了，他就和他母親、姐姐過去和新娘拍照，把我一個人晾在大廳門口。身邊我一個認識的人都沒有。我一直站在那裡，真的覺得很委屈，不知道為什麼要來這個場合，以什麼身分來，後來跑到廁所哭了一場，他姐姐跟他說我在廁所裡哭，他說他也不知道我在發什麼脾氣。

我跟他要求我的權利的時候，已經和他說明我是哪種性格，我可能達不到他的要求，可是他說他會慢慢磨練我，把我磨練成他想要的那種女生。

聽完這個朋友的傾訴，身為 OL 的你是不是很不爽。沒錯，就是這樣。

真正的「大男人」不管在家庭還是在社會上，都輕視女人的能力和地位，認為一切權力都掌握在男人手中，任何事情都是自己說了算，大小事

都不讓女人知道和干涉。不管事情孰是孰非，自己說的就是對的。在任何時候，他都不能在女人面前低下高昂的頭。在對待未來的婚姻生活方面，他很可能沒有感情和心靈的溝通，一切隨心所欲，稍不如意則橫加痛斥，甚至拳腳相向，從來不顧及對方的感受。

你難道還想每天上班被主管罵，下班被老公管？除非你享受這種感覺，那麼以下幾條，可以幫你以最快的速度發現「大男人主義」混帳男 —— 這種人具體表現是：

一切大小事都由他說了算，兩個人在一起，你沒有決定權、發言權，甚至是知情權。比如你們去用餐，他永遠拿過菜單，問都不問你，就說 B 套餐兩份。

他永遠是對的，你永遠是錯的。不管那場電影你有多討厭，他都塞給你一張電影票說，就看那一場。

他在外面受氣，所受到的委屈全部發洩到你身上。比如燭光晚餐，他一坐下就開始咒罵主管，挑剔你點的菜品。

他是主，你是僕，你應該負擔一切家事，他習慣坐享其成；他把週末約會定在他家，美其名曰體驗溫馨的家庭生活，卻拿出沒洗的衣服要你幫忙。在外面，他對你大呼小叫，來維護他的男人「尊嚴」，你只能忍氣吞聲。

● 心靈扭曲暴力男

別把這類男人和前面提到的大男人主義搞混。這樣的男人，可能看起來一點控制慾都沒有，甚至總是緘默和忍氣吞聲。但是兩個人一旦確定關係，他的真面目就會暴露出來。

我認識十年的一個老友，現在是某知名律師事務所的主管告訴我 —— 在和他交往的前三個月中，我幾乎要被他的溫柔融化了。他沒有

第五週　挑剔週—別讓自己浪費時間

什麼特別的嗜好，下班回來，我們一起做飯吃飯，他會下廚。吃過飯後，他不會像別的男人一樣，把腳放在茶几上看電視，而是主動洗碗。之後，我們兩個人就依偎在沙發上，或者床上，安靜地看書。只要我一動，他馬上會起身問我要什麼，我無論要什麼，他都會馬上起身去拿，一杯水，一瓶眼藥水，甚至我說我要去洗手間，他都笑咪咪地背我去。

　　但是有一次，我們發生了爭吵。我累了，不想再爭執，想要出去。他拚命地抓著我的手臂。我能從他的眼中看出來，他在極力地壓抑著一種暴力的衝動。我被嚇到了。而且，沒有那麼大的力氣掙脫，他似乎從中獲得了釋放，很快地平息下來，跟我一起討論問題，並主動承認自己剛才沒有想到的問題和自己所負的責任。當然，我們很快忘記了這件事，而且，因為他的主動認錯和分析，我還對他提高了印象分數！後面的故事，你當然知道了。我們每次有爭執，他都有「動手」的苗頭，直到我試圖把這苗頭扼殺在搖籃裡 —— 提出分手。

　　於是，我得到了教訓，又被迫換了手機號和住家地址，現在想起都心有餘悸。很長一段時間，我看誰似乎都像那種隱藏很深的男人。好吧！我承認，是「一朝被蛇咬，十年怕草繩。」

　　相信連男人也認同：打女人的男人是「人渣」。難以想像，一個身為律師的女人，竟然也會身陷「暴力漩渦」。雖然，她很快用智慧離開了這男人，但是代價也不小，要知道這年頭請一次搬家公司，價格也不菲呢！

　　如果你只是一個乖巧的 OL，沒有我這位朋友的智慧和專業知識幫忙，這類難纏的角色，還是遠離為妙。不要試圖去改變他了，多少女權主義者都在振臂高呼，他打你一次，就會打你一生。

　　及早辨別出這類男人，最好的方法就是觀察和試探。這種男人心胸狹窄，可以從他看你和別的男人說話時的眼神，捕捉到苗頭。要小心的是，

這種男人除了打人，還擅長下跪和流淚。女人往往被他們的眼淚和誠意打動了。願意給他們一次機會。但是，我都懶得再去跟你陳述和規勸什麼。因為很快，你就會發現，這種事只有零次和無數次，當女人被一再拳腳相向時，相信就會知道痛了。

● 浪子回頭本性難移

對不起，我們不接受浪子。且不說江山易改，本性難移，除去「偽回頭」和「臨時起意性回頭」占據了浪子回頭的大部分，即便面對真的回頭浪子，我也不得不說，浪子的「安家費」，真的很高。

傾訴者，美琪，女，29 歲，我怎麼也想不到，身為一個向來以冷靜謹慎著稱的天蠍座女郎，竟然也會敗在浪子型男人的手裡。

他是一個留學歸國的雙子座男，在我當時合作的公司上班。早聽說在英國的時候就放蕩不羈，回國以後也是個萬人迷，我向來很討厭這種類型的男生，所以對他視而不見。

但是不知道為什麼，他對我展開了強烈的攻勢。我很冷靜地拒絕他，並且毫不介意傷害他，表示了自己對他的不信任和不喜歡。

他卻不以為然，說自己這些年已經很累了，打算找一個女孩，認真地過完下半生。可是，我怎麼會相信呢。我用更加諷刺的話拒絕了他。可是他卻說，總有一天會讓我明白，他是真心的。就這樣，他孜孜不倦地追了我一年，用各種大事小事，表示自己真的是浪子回頭。最後，連我自己都習慣了有他在身邊死纏爛打的日子，加上別的女人對我紛紛投來的醋意，使得我更加放不下這種感覺。於是，我投降了。就像我們之前約定的，想要好好找個人過一生，我們開始了準備新婚的排程。我是一個偏理性的人，所以每一步都想做好，直到我覺得，新房的每一個角落都完美了，我

第五週　挑剔週—別讓自己浪費時間

家裡的每個人都接納了他。我的理性告訴我，能夠為我付出一年時間，以及經歷了各種磨合的人，一定是認真的。可是，隨著婚期將至，他突然對我說抱歉。而抱歉的理由，竟然簡單得可笑。

用他的話說，他發誓，他說每一句話的當下，都是認真的。但是人的心和想法會改變。當人的心改變的時候，再說以前那樣的話，就是撒謊。

我終於明白了，浪子型的男人，他們說的話，有效期限只有當下一秒。在那一秒，他是真心的。但是，他們交友廣闊、風流不羈，心在隨時變化，當然也不打算一輩子守著一個女人。雖然說，「男人不壞、女人不愛」，還有許多不信邪的女人躍躍欲試，試圖用真情或純情去打動他們，這其實只是一廂情願。

他如果是個情場浪子，他的安家費就是你的好心情。你要隨時準備好，面對他的舊情人、找上門來的怨婦和總是叫錯你名字的各路死黨。

如果他是個職場浪子，隨心所欲沒有責任心是他引以為傲的標籤，婚後他可以突然因為一點不開心的小事，就拍桌子走人，然後你就要面對漫長的等待，以及隨之而來的經濟壓力和各種搪塞的理由。

總之，跟浪子在一起，生活和情感的成本，都非常高，因為他們不介意揮霍和浪費，除非你跟他一樣多變，然而 OL 之中，又有多少女人，也是浪子型呢？

● 心裡沒你的媽寶

凡事都要去問問他母親，凡事都要經過他母親的同意，凡事都會及時稟報他母親，以他母親為中心，沒有自我，沒有主見。謝謝，結婚後，你相當於嫁給了他母親。

這樣的男人，不分年紀大小，有可能是老大不小，也有可能年紀偏

小。在他們眼裡，母親是世界上最美麗、最善良、最勤勞、最偉大的人，母親的話就是聖旨，母親說的一切都是對的，跟母親有相反意見就是不孝。從來不會動腦分析問題，從來不會站在客觀角度去解決問題，一切以滿足母親的意願為前提。

當然有人會把這類男人歸類在愚孝男中。但是他與愚孝男不同的是：愚孝男是以父母二人為前提的。他們在考慮父母的同時，父母雙方會權衡，處理事情也會相對公正。當然，除非他的父親也是一個唯妻命是從的人。而媽寶是只以母親為前提的，愚孝男可能沒有戀母情結，只是縱容父母，不分是非，一切把父母放在第一位，以犧牲家庭所有的利益來換取父母一句孝順的稱讚。而這類媽寶，是只針對母親唯命是從，甚至在父母吵架中扮演一味袒護母親，指責父親的角色。在他們的心目中，媽媽就是他的命，就是他的一切，就是他生活下去的唯一希望和寄託。

同樣一件事，你做可能會遭到指責，但是他母親做就會得到讚譽。無論何時何地，無論颱風下雨，在他心目中他只牽掛他母親一個人，只關心他母親一個人。沒事就湊在母親旁邊說悄悄話，他母親也只關心他一個人，對其他人毫不在意。無論吃什麼，買什麼，都第一個想到的是他母親，包括他自己的孩子都沒有那麼在意。

這樣的男人，心理已經嚴重扭曲，人生觀已經極度不正常，遇到這樣的男人，一定要退避三舍，千萬別招惹，以免讓自己生不如死。

● 不可靠的事業男

這種男人萬事以事業為重，似乎天下他最忙。他看似體面，工作不錯，收入不差。他出手大方，尤其對盼婿心切的岳母大人，這種男人最有殺傷力。

第五週　挑剔週—別讓自己浪費時間

乍看之下，你也被他的光環吸引。可是當你走進他的生活，卻發現你們相處的細節，都要靠你自己的幻想來編織。

一位埃森哲的女諮詢師，講述了她的經歷。她如是說 —— 我和前男友在一起時間不長，因為我平日工作比較忙。所以一直覺得，自己沒什麼資格挑剔別人不夠浪漫。所以，我們每次見面，幾乎就是吃飯，而且，即便是吃飯，他也經常在臨近的時候爽約。我也沒有太多怨言，因為我也經常加班。

他也沒送過我什麼像樣的禮物，除了初次見面時禮貌性的一束花。有時候，我偶爾會想，我們為什麼要在一起。既然各自有各自的事情，為什麼要勉強見面。繼而我又覺得，兩個人要互相體諒。於是，我們就這樣維持著這段關係。

直到後來，我竟然意外懷孕了。他先是覺得我很麻煩。覺得我不夠成熟，認為我懷孕，是沒有照顧好自己的表現。繼而，他終於像個男人一樣承擔起了責任，忙前忙後。當我即將進入手術室的時候，他突然拉住我的手，說有一個重要的會議要開，指著趕來的一個女人說，這是他的祕書！此刻我已經沒力氣感到憤怒，因為我知道，這個男人的靈魂已經出賣給了工作、公司和傳說中的重要會議。而一個女人，不能嫁給一個沒有靈魂的男人。

在他們心中認為，男人追求成功正如女人對美的追求一樣，女人不美或者是心裡感覺自己不夠美，那麼大多不會擁有自信，男人如果不夠事業有成通常也挺不直腰桿，無法理直氣壯。可是女人不美的話還可以從智慧、善解人意等方面去補救，散發另一種美，找到自信，而一個男人如果沒有事業，帥哥只能被看做繡花枕頭，而不帥的呢，則只能被看做是廢物了。因此，他們努力，努力再努力。而漸漸的，你發現，他不關心你，甚

至也不需要你對他的關心。他要的是一段「主食關係」，即你是米飯、饅頭，餐餐要有，每日要吃。而你究竟是什麼口味的饅頭，什麼類型的米，根本不重要，你只要拿出對他的理解，理解，再理解。可想而知，婚後，當你生病時，需要關心時，你的他卻在跟工作度蜜月呢。

謹防不良嗜好男

嗜酒

這種男人認為，要是不能喝上兩口似乎就算不上是「真男人」，但任何事都要有限度，正所謂過猶不及。一旦超過了這個底線就不是酒仙而是酒鬼。萬一再遇到酒品不好的對象，什麼事情均有可能發生，要知道醉酒的酒鬼完全就是野獸形態，除非你酷愛「野獸與美女」，不然還是保持距離的好。

好賭

誰說小賭怡情、大賭傷身。男人一旦沾上了「賭」字，小則傾家蕩產，大則可能萬劫不復。最可悲的就是這群深陷泥淖而不能自拔的人還總以為自己是賭神，大把鈔票可以手到擒來、香車美女彷彿就在朝著自己招手，卻不知道那不過是黃粱一夢，到頭來才發現所有的美夢都不過是自己的白日夢，身上的家當全都成為了別人的鈔票。為此妻離子散的人不知有多少，各位女性身邊若是有嗜賭成性的人還是早點抽身為好。

借錢

沒錢雖然有些無奈，但卻不會讓人絕望。吃不了滿漢全席、生猛海鮮，至少還有傳說中御宅必備的泡麵來滿足我們的生活。俗話說得好，人窮志不短。畢竟對於普通人來說，想要出門找個富豪千金、豪門公子的機

率不亞於穿越到另一個時空去過皇帝的生活。

不怕沒錢，就怕借錢，偏偏就有這一種人，沒錢的時候不去思考怎麼賺錢，而是去思索身邊有誰能借錢給自己揮霍。一來二去，從親戚朋友到同學同事，無一倖免。說到這裡，我們還可以安慰自己說人生在世誰都難免有困難，借錢還了就好。但若借錢不僅不還，還能拖多久就拖多久。長此以往，聲名遠播。這樣的男友你敢要嗎？

抽菸

吸菸有害身體健康，還請諸君遠離。這個道理誰都懂，偏偏做到的人少得可憐。不少男人都將吸菸引為時尚，彷彿不如此就是不成熟的表現，更有甚者將之當做區分成熟與否的標幟，全然不顧一支香菸的尼古丁含量足夠讓一隻身體壯碩的非洲獅重新投胎。如果很不幸你身邊是一個整日吞雲吐霧的老菸槍，那麼請你做好折壽十年的準備，這絕對不是開玩笑。

好色

人有三六九等，色狼也分高低貴賤。而有的人則純粹是為了女人而泡妞，為了慾望而把妹，對他們來說今天可以是 ABCD，明天也可以是甲乙丙丁。女人在他們眼裡就是一個個代號，遇見這樣的男人不要妄想改變他的價值觀，更不要幻想自己與眾不同，對他來說，你也不過是那萬千女人中的一員，沒有任何不同。

沉迷遊戲

有一位好友與老公結婚剛剛一個月就動了離婚的念頭。原來，在本該甜蜜的新婚蜜月期，她幾乎夜夜獨守空房，而老公卻在網路遊戲中「揮灑熱情」。好友敘述她的蜜月經歷說：「新婚第一天，他下班回家就吃飯，

然後我看電視他上網打遊戲。十點，我準時洗澡，並暗示他我準備去睡覺了，他頭都沒抬只是敷衍了一聲。直到凌晨，他還在電腦前盡情地玩，以至於第二天我都不知道他是什麼時候上床的。儘管他早晨會向我道歉，說以後不會再玩這麼晚了，可第二天，第三天……一個月，他依然在電腦前一坐就是五六個小時，我們整個晚上都說不到三句話。我無數次幻想過的美好蜜月卻是這樣，這簡直是對我的一種侮辱。」

近幾年，很多女性在徵婚時，也都開始把「沉迷網路遊戲」與「賭博」、「嗜菸酒」等歸為同類，一起列入「不良嗜好」一欄。別以為這都是小問題，有不良嗜好的男人，可以隨時跪在你的腳下懺悔說「下一次再也不會了」，可惜，他們終身都不會改。

● 風流才子不可信

今天來兩句情詩，後天來幾句歌詞，言必詩情畫意，文情並茂，彷彿你，激發了他的無限詩情。

在主編感情專欄的這些年，我已經記不清楚有多少女性來信，坦言自己因為愛上風流才子而苦惱。

才子男，分兩種類型。一種是紈絝才子，一種是落魄才子。無論哪一種，他們做才子都只有兩種可能：一，他明白，這是釣女人的誘餌。因為許多充滿幻想的女人吃這套，很容易感動。所以，詩詞，只是他們漁色的一種手段而已。二，可能真是個才子，真動了情啦。但是，姐妹們要明白，即便動了情，一個感情豐沛又收不住，喜歡泛濫的人，極有可能感情濫而不忠。真正可靠的男人感情是內斂的，不張揚，但持久。

第五週　挑剔週—別讓自己浪費時間

● 80 年代臭屁男

典型的憤世嫉俗型＋夢想家。這種空想男，顧名思義就是那些只會想像，卻不會付諸行動的男人。

只會空想而不行動的男人心智很脆弱，他們一邊誇誇其談，一邊又要為自己的不行動找藉口，於是憤世嫉俗，覺得時不我與，是他們最好的理由。所以，通常空想家，都是「憤青」。

他可能開宗明義地宣稱，愛錢的女人都請滾開。這樣的男人，無疑否認了自己和別人愛錢的權利。要麼虛偽，要麼過於清高。或本身沒什麼錢才仇富，甚至仇恨社會乃至全人類，只愛你一個的可能性有多大？

所謂君子愛財，取之有道。我們有錢過有錢的日子，沒錢過沒錢的日子，沒必要仇富。愛錢沒有錯，只要是不喪失原則和自尊得來的錢，誰不愛呢。沒錢就努力工作，如果一竿子打翻所有愛錢的人，否定人對美好生活的追求的本能，這樣的男人，不是胸無志向，就是與社會嚴重脫節。最後，我想對你說的是，女人要拒絕那些善於誇誇其談的「事業空想男」的誘惑。

很多時候，你覺得他有理想、有抱負，他的事業沒有風生水起，甚至是一團亂，你幫他找的理由是：他沒有機遇。可是事實就是，不論什麼原因，他現在一事無成，將來也未必有功成名就的一天。很多一事無成的男人，比如流浪藝人、街頭音樂家、落魄的畫家、困頓的詩人……都很有理想，但是這並不代表他們能夠達到某種事業的巔峰。更何況，你怎麼知道你喜歡的這個男人是真的有理想並且有實力，而不是誇誇其談呢？

好男人倒追又何妨

　　雖然你可能已經把男人看得很透徹了，可是如果你還在擺架子，等著男人主動搭訕？對不起，你只有剩女的命；半遮半掩，向喜歡的男人拋媚眼？拜託，你也出局了。

　　想要擺脫單身，現在邀請你加入一個全新的遊戲，像星際警長一樣，以鷹的眼睛，狼的耳朵，豹的速度，熊的力量，前進，目標只有一個──好男人！好男人，倒追又何妨呢？何況男人生來就喜歡這種小遊戲。

　　其實男人更愛被人追，從心理學的角度來說，在兩性關係中女人比較慢熱。男人的熱情似乾柴烈火，女性卻需要文火慢燉，這在某種程度上決定了男人主動而女人被追的局面。越來越獨立自信的現代女人，在生活上、事業上都深深懂得掌握主導權的重要，而對「倒追」，卻有不少人心懷顧慮：這樣會讓自己「掉價」嗎？這樣會不會反而將他嚇跑？

　　如果被女人倒追，男人心裡到底是怎麼想的呢？心理學家針對這個問題調查採訪了好幾百名男士，發現：除了少數的例外，男人都相當喜歡女人倒追！

　　調查中很多男人表示，他們要扮演主動追求者的角色，被拒絕的風險總由他們來承擔，著實不易。當一個女人主動有所表示，男人常覺得鬆了一口氣。

　　一項調查顯示，對倒追自己的女性，男人直接拒絕的只有7％，也就是說93％的男性會委婉拒絕或曖昧不清，其中，36％的人最終會真正愛上她們。所以，女人倒追，一是要識破男人「委婉的拒絕」，二是為自己設定底線，確保不將大好光陰浪費在一個「不主動、不拒絕、不負責」的

第五週　挑剔週—別讓自己浪費時間

「三不」男人身上。

　　男人天生是獵手，他們在夏日炎炎或寒風凜冽中翻山越嶺地追逐獵物，千辛萬苦卻樂此不疲。戀愛中他們也沉醉於尋覓 —— 追蹤 —— 捕捉 —— 征服的過程。你可以邁出起始的步伐，但是不能所有事情一手包辦，那樣等於是剝奪了他戀愛中的樂趣。

值得女人追的十種好男人

　　當然了，當剩女，也不是奮不顧身，什麼男人都要追，去蕪存菁很重要。

- ★ **平等對待追求的「紳士男」**：他懂得尊重女性的一切特權及非特權，是一個絕對的紳士，但是這些都不重要，重要的是，他並不會因為你的追求而看輕你。

- ★ **懂得噓寒問暖的「體貼男」**：他永遠站在你這邊，耐心傾聽你倒苦水；他記得你提過的朋友名字；你口渴時他輕輕遞上茶水……這些都無聲地傳達出他真心喜歡你的訊息。

- ★ **家人朋友眼裡的「乖乖男」**：長輩們經風歷雨閱人無數，眼光自然比你精準。你對他很挑剔，但他卻能夠贏得你朋友、家人的欣賞。他懂得讓每個人心情舒暢，懂得給人安全感。

- ★ **提出對你有益意見的「良師男」**：他對你要求很多，但是都很合情合理，而且這些要求對你有好無壞。這樣的男友是真心愛護你的。

- ★ **胸襟開闊寬容忍讓的「大肚男」**：兩人發生爭執，通常是他最先讓步。他懂得如何表達自己，並耐心聽你說話，有話可以好好講，不會動不動就垮下臉來，送你一臉的表情暴力。

★ 善待動物的「愛寵男」：你不必擔心他們有多「娘」。通常這樣的人都有一顆愛心。你可以從他對待寵物的方式了解他的待人接物。對動物有愛心的男人，也一定會照顧好自己的家人和伴侶。

★ 充滿活力的「運動男」：有某種運動嗜好的男子，較容易找到情緒的出口，不會沒事找事地折磨你，和心中有熱情的男人在一起時，日子就會充滿樂趣。

★ 對感情無怨無悔的「專一男」：「專一」的定義並非是他只能一生愛一人，而是愛每個人的時候他都一心一意。如果他曾經有過刻骨銘心的感情經歷，並為此真心付出過，那麼至少可以證明他是個深情、勇於承諾的男人。

★ 絕對保守祕密的「安全男」：他能開誠布公地與你溝通，他懂得傾聽，知道什麼時候該說話，什麼時候該閉嘴。當你和他分享自己的感受與思想時，能感到安全。在他面前，你確信不會因為表達內心深層想法而遭受到嘲笑或傷害。這就叫安全感。

★ 不會因為朋友而忽略你的「義氣男」：他有正常的社交圈，有彼此信賴的好朋友，也重視他們，但他不會為了朋友而把你晾在一邊。他能夠獨立思考和行動，而非唯朋友是從。

誓死獵到心儀男，把男人追到手，一共分三步

● 第一步：把冰箱門打開 —— 吸引對方的注意

把男人追到手，基本上和把大象放在冰箱裡不相上下，第一步打開冰箱門，讓大象過來，也就是吸引他，首先你必須讓對方留意到你，讓自己在芸芸眾生中脫穎而出。

第五週　挑剔週—別讓自己浪費時間

　　對你喜歡的人來點小小的惡作劇，就像年少時，小男孩明明很喜歡某個女孩子，卻偏偏做一些欺負該女生的事情。比如答應對方的事情，故意留點遺憾，再找機會請他吃飯道歉，這樣兩人自然就變熟了。

　　在你們交往的環境中，故意製造一些無傷大雅的「緋聞」，比如和他穿同一款衣服，吃同口味的口香糖等，引起別人注意後，「緋聞」傳出的同時，他就會注意到你了。但是切記要掌握好分寸，不能傷及彼此的名聲。

　　日久生情，雖然老套，確是屢試不爽的妙招。如果你們相處的機會很多，不妨常常在他的工作或者生活中給予幫助，最好是能出乎他的意料，這樣他定會對你心懷感激，慢慢地兩個人交往互動變多，對感情也是一種無形的培養。

● 第二步：把大象放進冰箱 ── 請君入甕

　　無論是什麼類型的男生，在感情上都必定有他們的習慣。了解你所喜歡的男生是什麼類型之後，就要針對他的性格，開始你的攻勢，把他帶進你自己的冰箱裡。

　　習慣交際的活躍外向型男生，不拘小節，他經常面對各方好友的邀約，也擅長用傷害性最低的方法拒絕不想去的約會。所以你儘管放膽約他吃晚餐，只要你肯開口，就算不成功，他的回應也會顧及你的感受。

　　喜歡思想傳統的男生，你絕對不可以開口表白，只能暗示。最佳方法是表現出自己有內涵的一面，讓他對你刮目相看。有機會將你的家收拾得整整齊齊，邀請幾個朋友還有他到你家，展示自己的廚藝。適當時候給他發簡訊，用字不需要刻意營造曖昧，就像跟普通朋友交談一樣。

對周遭事物經常沒意見的被動型男生，他只會將你們之間的事一直拖下去，保持著曖昧的關係。你最好採取主動的攻勢，製造兩人獨處的機會，「逼」他作出決定。

常相處，他希望做個領導者，你就乾脆裝作什麼也不懂地讓他帶領你。適當的時候講幾句「原來要這樣」、「你好厲害哦，這都懂」，以滿足他的大男人性格。

● 第三步：把冰箱門關上 —— 試探他的心意

想把大象關進冰箱，等的就是關起門來一家親。不過，女孩子總是害怕被人拒絕的那種尷尬，找個方法來試探一下對方的心意，就可以確定關係了！

你一心一意地為他付出，或許他已把你的好當成了習慣，愛與不愛可能並不能刻骨銘心，不過只要你懂得適時地玩點小失蹤，一定會讓他的情緒出現微妙的變化。

當女孩子柔弱的時候，很容易激發男人的保護欲，可以製造一些小危險，看他的表現來推斷他是否愛你。比如在大家結伴同遊的時候，在離他不遠的地方故意跌一跤，又或者水性很好的你，在游泳的時候裝作嗆水了等。

男人都有很強的占有欲，雖然他們死不承認，但是卻個個都是醋罈子。如果他一直態度含糊，不如來點小刺激，假意和其他異性關係親密。

第五週　挑剔週—別讓自己浪費時間

範例篇 —— 電影告訴我們那些事

★ **範例：艾兒 ——《金法尤物》絕招：讓自己更出色**

美女艾兒與學校的帥哥華納戀愛，但華納的家人卻認為艾兒是「花瓶」，在華納考入哈佛大學的法學院後，要求他與艾兒分手。艾兒決心找回自己的愛情。她透過努力也考入了哈佛法學院，憑自己的聰明和才智得到了同學們的尊敬，也讓華納和其家人刮目相看。

★ **範例：薇安 ——《濃情巧克力》絕招：美食**

薇安在小鎮上開了一家風味獨特的巧克力店，她還特別善於發現和記住每一個客人的特殊口味，並盡可能地以自己的手藝滿足客人們對美味的需求。漸漸地，薇安用她可口的巧克力和靈活的思考模式打動了小鎮上的居民，而她也正是靠著美味的巧克力成功打動了英俊的漢洛克斯的心。要抓住一個男人的心，首先就要抓住他的胃，看來這句老話不是沒有道理的。

★ **範例：恩珍 ——《我的老婆是老大》絕招：扮淑女**

恩珍是一個靠暴力解決問題的「假小子」，在姐姐的一再要求下答應去相親，而且開始做美容，扮淑女學嬌態，最後與小職員秀一結婚，了卻了姐姐的心願。「窈窕淑女，君子好逑」這可以說是一句經典的總結。

不是每個平凡的女人都能幸運地站在路邊，就能被王子帶回家，所以女人，請你自己賜予自己力量吧！不要害怕，向著自己的目標出發，管他是青蛙還是王子，別讓男人在你的害羞中偷偷溜走。

第六週
行動週 ── 把約會進行到底

第六週 行動週──把約會進行到底

第一次約會就「戰死沙場」的「準情侶」們，其實，約會和作戰一樣，也講究天時地利人和。有時候，僅僅是一個細節，一個小誤會，就會毀掉一對本來很登對的情侶。為什麼？因為這種相親大有學問，一個不小心 NG 了，就沒有深入了解下去的機會。最為重要的約會第一週，忙碌的敗犬女王們，應該怎麼全力應付呢？本章即將為你全面解密敗犬女王約會大祕笈。

約會準備日 ── 星期五

為什麼星期五不宜約會？

辦公室一到週五，大家蠢蠢欲動，女職員拿出小鏡子偷偷補妝，男同事也忍不住去洗手間的時候照照鏡子。你也蠢蠢欲動嗎？不過，我要給你潑冷水了。如果你們是首次約會，不要定在星期五，最好選在星期六。

因為無論是透過介紹人還是自己約，我們都希望把自己最好的一面展現出來。可是星期五，實在不是個好選擇。我們的外貌、氣味、心情，都會隨著這一天的辦公狀況而改變。如果你早早地定好了週五，下面，就是你要面對的突發狀況──

★ 經歷了一週的工作折磨，也許你昨天根本就沒睡好覺。黑眼圈、沒打招呼就冒出來的痘痘，壓力經過了一週的堆積，都會在週五爆發。

★ 經歷了一整天的工作，你灰頭土臉，油光滿面，卻又不好在洗手間將自己的妝容「大卸八塊」，重新來過吧？

★ 初次約會，你想穿帶著腋下有汗漬的制服嗎？如果周圍有吸菸的同事，可能還帶著全身的菸臭味呢！下班，再擠上捷運，嘿，你身上的味道真特別。

★ 你忙得中午沒吃飯，下班的時候，你想吃下一頭牛。

★ 你中午吃了飯，可惜客戶是個酒鬼。你一身酒味，還有點搖搖晃晃。

★ 下午三點，你不小心犯錯，被主管罵得狗血淋頭，心情真不好！

★ 你心急如焚的時候，你的主管優哉地走出來，跟你說抱歉，你必須加班。第一次約會就放別人鴿子，算你有種。

不約會，我們做什麼

★ **逛街**：如果你還沒有選好約會的衣服，和單身的女性朋友逛街，也是個好選擇。新衣服會讓你的心情煥然一新，免得要約會的時候，面對著束之高閣的衣服，沒了頭緒。如果你的約會對象，是透過朋友介紹的，不妨和介紹人一起吃吃飯，逛逛街。一方面多了解一些他的情況，盡量把這個約會準備到最好；另一方面，也算是跟介紹人聯絡感情，如此即便最後兩個人沒有交往，你也不會失去介紹這個朋友。

★ **做臉**：益處我們不用說。但是幾個重點要記住：1. 不要順便修眉。明星都知道，剛剛修過的眉毛顯得面容不夠柔和。所以她們都在要走紅地毯之前，提早兩三天修好眉毛，既整齊又自然。2. 不要改變髮型。做護理可以，剪髮，修瀏海還是算了。要是做不好，欲哭無淚。3. 不要擠痘痘。擠過痘的臉紅紅的，需要四十八小時才會消腫。

★ **汗蒸**：可以讓你身心放鬆的好方式。按摩也不錯，但別嘗試按摩師推薦的新品精油。這個時候，突然過敏很麻煩。如果你很疲憊，在家裡自己洗個澡，做個面膜聽聽音樂，讓自己徹底放鬆，迎接明天的約會吧！

★ **準備話題**：看一本雜誌一份報紙，讓自己從繁瑣的辦公思路中跳脫出來，既顯得你有活力不死板，又會減少無話題的冷場。如果有介紹人，就問介紹人，如果可以網路聊天，初步訊問他的喜好和職業。聊

第六週　行動週—把約會進行到底

一些和他的職業有關，又不特別貼近的話題，或者聊聊他的嗜好可以
增加彼此的親切感，這就是心理學上所謂的「自己人效應」。

最佳約會日 —— 星期六

經過週五的休息，疲憊的身心逐漸恢復，這時候調整到最佳狀態的
你，一顆渴望約會的心又開始蠢蠢欲動。

約會時間

★ **傍晚的女人最美麗**：我們理解敗犬女想約會的急切心情，但是即便如
　此，也不要勉強自己。

★ **把約會定在一大早**：不！想像一下，因為工作壓力，習慣了晚睡的
　OL，好容易盼來可以晚起的星期六。約會前，洗澡、化妝、搭配服
　飾，都需要寬裕的時間。如果約在早上十點看電影，就要七點起床了。

★ **把約會定在中午**：見面就吃，且不說多尷尬，如果是夏天的話，早上
　辛苦裝扮的妝容，瞬間就被汗水弄成花臉。吃完之後，頂著一臉的油
　花。吃飽喝足，思考也慢了下來。不經意再來一個飽嗝……而且，吃
　過飯後，兩人看電影也好，逛街也罷，待到疲憊的時候，剛好碰到交
　通晚尖峰時段……兩人繼續吃晚餐？帶著殘妝，再吃一頓。吃過之
　後，再去哪裡都很尷尬。就這樣度過一整天，你不煩，男人也煩了。

★ **傍晚約會是王道**：且不說時間上你有多從容，避開交通尖峰時段，彼
　此都不會太過窘迫。傍晚的夕陽，會把你長年對著電腦產生的小斑點
　和青春痘通通藏起。約會之前偷偷吃一些甜點，讓你既不會對晚餐顯
　得太迫切，又不至於提著空胃囊挨餓逛街排隊等位。

晚餐內容也相對簡單，點一些蔬菜沙拉，或是魚類菜品，不會毀掉你的吃相，適當喝一點紅酒會更有情調。

晚餐後，兩個人或牽手散步，或來一場電影，就到了八九點鐘。如果你們很有好感，不妨再加一些節目。感覺不好，也有理由讓你們的約會提早散場。

約會造型

● 展現造型巧思，能增添吸引力

相信很多敗犬女王都以為自己夠時尚，從不會為穿著擔心。但是有幾條老生常談卻一定要說。做你自己，不要刻意扮演雜誌上的名媛淑女或是電影中的野蠻女友，平時怎樣，約會時就怎樣，千萬不要偽裝。也許這一次你可以演得很像，但是之後呢？一直扮演別人的角色，缺少最基本的真誠。所以，無論是相親還是約會，穿著讓自己和對方輕鬆為妙。

★ **不要穿著太暴露**：過早地穿著暴露，會把你們的關係引到別的軌道上去，畢竟男人都是下半身思考的動物，這種節外生枝的麻煩很沒必要。

> **小提醒**
> 1. 如果你下半身穿了短裙，上半身就別再搭配露出乳溝的背心。
> 2. 露背裝很失敗。因為在過馬路或者出入電梯男士照顧你的時候，不好意思直接拉你的手時，會輕輕用手臂推一下你的背。這個時候，你不想讓他一下子就碰到你的敏感部位吧！
> 3. 不要穿深 V 裝。除非你們坐在同一側，否則，你怎麼知

道他是在看桌上的菜品還是在看你露出的事業線？

4. 別穿露肚裝。除非你們約會的內容是戶外活動，否則動
輒坐在那邊，從腰間擠出一坨小肥肉，豈不尷尬？

★ **不要穿著「戰袍」赴約**：記得在辦公室裡準備一件顏色柔和的外套，
和一條珍珠項鍊。免得自己倉促赴約，穿著黑色或者深藍色的職業套
裝。讓他在與你對話間恍惚覺得，自己還在面對合作公司的女主管。
最尷尬的是，有時候兩個人逛街吃飯，穿著制服的人可能會被周圍的
人當成服務人員使喚。實在來不及更換，不妨早一點去約會的地點，
到某個吧檯點一些飲料，然後自然而然脫掉外套，鬆開一顆領扣等
待。等你們同時離開的時候，你只需把外套搭在手臂上就可以了。

★ **不要穿得過於隆重**：除非你們很熟，約會的內容是海邊散步，否則不
要穿長裙。長裙讓你上下樓梯、出入洗手間都很不方便。你不但要對
他舉手投足間的協助頻繁說抱歉，也給對方增加不少麻煩。而且，他
的注意力會集中在不要踩到你的裙子讓你跌倒，而不會專注於你的魅
力。過於隆重的禮服也會讓對方很有壓力，覺得你是要去參加晚會，
還會顯得你對於此次約會過於重視，讓人貽笑大方。

★ **傍晚的約會別穿撞色襯衫**：這個問題屬於心理學的範疇。約會最佳的
顏色是米色和淺色系，如淺黃、淺粉，可以讓你和他的心情平靜下
來。紅色則會讓人心跳加快。曾經有人做過實驗，把臥室漆成紅色，
幾個月後，屋主瘋掉了。可以試想一下，傍晚，你穿著一件紅黃相間
的襯衫，突然跳到對方眼前，他的心裡不糾結才怪。行走在夜色中，
人家還以為你是鬼牌上的小丑。

約會地點

如果你有機會挑選約會場所，就盡量選擇氣氛溫馨、客流適中、不嘈雜也不冷清的地方，例如鬧中取靜的西餐廳或是有獨立包廂的茶樓。總之，地點的選擇要讓人感覺放鬆，並且有交流的欲望。

別把約會地點定在……

◉ 家門口

也許，你少了一些舟車勞頓，可是得不償失。在這個紅男綠女的時代，安全問題不用我一說再說了吧？萬一對方要求上去坐坐，而你剛才試穿過濾掉的衣服都堆在床上，多尷尬。而且，他到家門口來接你，你肯定忍不住心裡欣喜滿溢，興奮地衝出大門，原本應有的矜持也丟掉了。把約會看得像出門散心般平常，可不是在教你假惺惺，基本的風度和禮貌還是要有的。

◉ 酒吧

無論你多麼喜歡週末去喝兩杯放鬆，這時候都要忍住。如果你們的愛情是以婚姻為目的，就盡量遠離曖昧的場所。酒吧不但不適合兩個人溝通交流，那裡太過吵鬧，而且裡面的紅男綠女也不免橫生枝節。即便非常幸運，周圍的短裙女徹夜纏繞之後，他還是鍾情於你，從那裡走出來，你們會各自回家給自己煮甜湯嗎？不會，氣氛會讓你們各自的情慾都燃燒起來。即便我們不是貞潔烈女，如果真的想要告別獨身，步入婚姻，對待婚前性行為，還是在恰當的時間，恰當的氣氛下發生才好。

第六週　行動週—把約會進行到底

● 鬧區飯店門口

　　人來人往的飯店門口，不免遇上一兩個醉鬼，或者匆匆跑進跑出的人，相撞的場面很尷尬又不安全。不僅如此，兩個人見面直接攜手去吃，坐下就看菜單，多少有些沒情調。選擇在離飯店不遠處的建築碰面，不但有機會大家聊上幾句，也可以了解對方的口味喜好，拉近你們的距離。

● 三溫暖

　　我必須說，所謂的出水芙蓉是個美麗的神話。你準備好讓他近距離面對你那張完全卸妝的臉了嗎？

　　好吧！我小看你了。你卸妝之後也不錯。可是經過一場熱水的洗禮，你確定你的臉上，沒有青春痘、痘疤、黑斑點、雀斑、黯沉、紅血絲嗎？你的頭髮打濕之後，沒有了捲髮的庇佑，看起來像不像落水狗？

　　穿著桑拿浴服的你，胸上沒鋼絲，肚子上沒束腹，你露出來的小腿，有沒有粗粗的？

　　男人說「剛出浴的女人最美麗」只有一個目的 —— 他終於不用絞盡腦汁、費盡心機地讓你把身上的衣服脫掉了。

● 電影院

　　沒有確切的好感，就別答應一起看電影。

　　看電影之所以是約會必上節目，是有特定的原因的。如果你對這個男人沒好感，就別約去電影院。

　　首先，黑暗中兩個人不自覺放鬆下來。一些親密的小動作也會被黑暗掩蓋。如果你不喜歡他，就要忍受他可能出現的小動作。

　　其次，過於冷清的場面，也會讓兩個人的氣氛很尷尬。你無法專心看

電影,他自然也在想入非非。雖然你覺得你還有大把年華,可是動輒兩個小時的忍耐,也不好過啊!

再次,看電影其實是兩個人衵露心情的過程。比如你被感動了,想哭,卻不想被這個男人看到,還要壓抑。當驚險的時候,你不自覺地抓住了他的手,他當然會錯意啦,這樣下去,他還會想到更進一步的要求,豈不是平添麻煩。

最後,電影散場,你不想讓他送你回家,可是,一個人不安全。兩個人?更不安全!

約會食物

● 選擇讓你放鬆優雅的食物

約會食物黑名單 ——

★ **雞爪**:雞爪的味道的確不錯 —— 你帶上那副油膩膩的塑膠手套,張開嘴巴用力啃咬皮肉與咀嚼軟骨。那副壯景還是留給深愛你的父母來看吧!在男人眼中,這種動物式進食,無論如何都不能為你增加魅力。

★ **烤肉**:即便你的牙齒很白,也不需要透過吃肉串來襯托。滿嘴油花,露出粉紅色的牙床,何況牙縫上還有芝麻、孜然、辣椒粉……烤肉。你精心挑選的約會新衣當晚必須被扔進洗衣機,甚至可能還需要專業除漬。且不說自己臉上一層油花,而需要翻動肉片,男人也會忙碌不已。翻動肉片時,你專業地瞇起眼睛,歪著腦袋躲著烤爐,動作粗魯,不時喊兩句:「瘦肉熟了!」對面的男人此刻一定在心裡吶喊:根本是個男人婆。

★ **海鮮**：貝類還好，用筷子夾出貝肉。螃蟹呢？你想過那勝景嗎？吃完了難免要剔牙吧？吃少了，餓得慌，吃多了，吃過之後，你的面前有座小山哦！

★ **路邊小吃**：你塗著高級的香奈兒口紅，卻把路邊幾塊錢的臭豆腐塞進血盆大口。買小吃的人不斷推擠，你的高跟鞋被眾人踩來踩去，一不小心，錢包又被路邊的扒手偷了，怎麼也不會有約會的心情了吧！自降身價的事，還是少做為妙。如果你想凸顯鄰家女孩的純真，還是勉強來份麥當勞的冰淇淋吧！

★ **有味道的一切食物**：我相信你不會沒品味到約會的時候點青蒜，或者韭菜包。但是有時飯店的涼拌菜中，多少會有大蒜。除非你實在想吃大蒜，否則能迴避的話，盡量迴避吧！口香糖也救不了你啊！

約會話題

● 說女人該說的話

說實話，能做敗犬女的精明 OL，多少都會有點女權主義。看到這個標題，你會不會在想，我為什麼要故作賢淑？我就是要做本來的我。如果假裝，難道結婚後要裝一輩子嗎？

先別這麼激動，我們不是要你假裝扮淑女。

一個週末聚會，「剩鬥士」波波跟我們說，之前透過同事介紹，認識了一個多金男。可是約會的時候，多金男沉默不語。波波很擔心冷場，而且不住地揣測，對方是不是沒看上自己，便更加緊張。於是波波滔滔不絕，從物價扯到足球，最後都扯到了國際局勢。最後，介紹人告訴波波，抱歉，多金男覺得，波波話太多，不是自己中意的類型。波波大叫委屈，我們也替她惋惜，因為波波平日裡真的不是一個話多的人。她所做的一

切，僅僅是為了救場。

　　一個做人事主管的朋友也跟我提到過，我們在面試或者約會的時候，都會有一點點激動和緊張，在這樣的情況下，正常人會分為兩個極端，一個是用話多掩飾自己的緊張，一種是變得沉默不語。

　　這裡就要回到我們的主題了。約會的時候，如果你覺得緊張，就想想自己平日裡的狀態。蔡康永說得很對，「你說什麼樣的話，你就是什麼樣的人」。如果你想給對方留下淑女的印象，就不要大爆粗口扮豪爽。當然，也不要一味迎合對方的喜好，改變自己說話的方式。你怎麼知道，他今天的狀態，不是緊張所致呢？最後，千萬不要用滔滔不絕掩飾緊張。所謂言多必失，脫口把福爾摩斯說成杜蕾斯你就有好戲看了！

● 約會極品話題

　　了解他現在的生活，這會說明你很細心和貼心。但是，這不是指你上來就問他的存款。

　　不要像查戶口般詢問對方的收入、家庭狀況或涉及其他隱私話題。你的八卦精神用來追星固然可嘉，但卻有可能嚇跑初次見面的對象。

　　問問他喜歡吃什麼、休息時間喜歡做什麼。聊電影、聊音樂，要想聊天有內容有話題和自己的知識量是分不開的。無聊的話題只能讓他對你感到厭煩。之前告訴過你了，多看點東西！

圍繞事業追求，尋找話題的「亮點」

　　你是敗犬女王，他是多金剩男。你們的事業本身，就是你們安身立命的根本和生活的主線。任何一個對事業勤奮努力，對人生追求不怠的年輕人，一旦與人談起工作、人生方面的話題，就會變得神采飛揚。因此，緊緊抓住他在這方面的一些「亮點」去挖掘話題，一定會滔滔不絕。話題比

173

第六週　行動週—把約會進行到底

如可以是：你做什麼工作的？你的工作一定很辛苦吧？我很難理解你的工作，和我聊聊好嗎？等等話題。

但是要注意，對於工作只談感受，不談內容，否則隔行如隔山，不但會讓話題乏味，還會把你們的關係引向朋友、合作夥伴，或者變成工作心得洽談。

圍繞興趣，尋找話題的「共鳴點」

每個人都有自己的興趣，即使一個再沉默寡言的人，只要與人談起他的興趣，他也會口若懸河。然而，初次見面，你還不知道他的興趣是什麼，這怎麼辦？不要緊，不妨先談談你自己的興趣，來個拋磚引玉，然後在彼此的興趣裡尋求共鳴點，以此增加了解和深化感情。應該把彼此的興趣擴大到一個廣闊的領域，從而尋找到「一個家族」的共鳴點。話題可以有：你喜歡讀書寫作嗎？我喜歡音樂，音樂與寫作、文學與藝術，本就是一個「家族」嘛！

圍繞環境氛圍，尋找話題的「著眼點」

環境氛圍是一個動態變化、隨意性較強而又具有豐富內涵的話題。它不是逢場作戲般的風花雪月、無病呻吟，而是透過抓取這種話題折射出一個人的思想觀念、品德智慧、為人處世等方面的水準和品味。可以這樣說，一個善於觀察事物、分析問題、處理矛盾的人，只要把尋找話題的著眼點放在環境氛圍上，話題就會取之不盡用之不竭。比如，如果你們約會的地方有電視，你可以說：現在影視特效豐富，反倒缺少了精彩的劇情。你看這部電視劇，整個劇情打打鬧鬧，沒有一點品味，也沒有多少實際意義。然後要請他發表一下看法。

圍繞社會生活，尋找話題的「興奮點」

社會生活包羅萬象，你在生活中總有一些最深切的體會、最想說的話、最厭惡或最喜歡的人和事、最關心或最希望得到的什麼吧！那麼，你與男友的談話出現「卡彈」時，就隨便地選其中一個你最興奮的「點」去談吧！比如說話題有：你可以說你手裡拿的是什麼書，或者說你今天穿的衣服很不錯等，然後接下來就可以說，看不出來你對這方面還很有研究呀！然後請他談談。話題不就出來了嗎？

● 女人，別講冷笑話

有一隻北極熊和一隻企鵝在一起玩，企鵝把身上的毛一根一根地拔了下來，拔完之後，對北極熊說：「好冷哦！」北極熊聽了，也把自己身上的毛一根一根地拔了下來，轉頭對企鵝說：「果然很冷！」

這種笑話，無論誰講都感覺讓人摸不到頭緒，不知道為什麼要講。

講話幽默的人，就像走路好看的人，你跟他走在一起，會覺得很平常的走路，也是樂事。而講笑話比較像翻筋斗，翻得好不好姑且不說，但其實很少人喜歡跟一個沒事就翻筋斗的人一起走路。

男人講笑話，是為了逗女人開心。但是眾所皆知，講笑話需要技巧。你一定經常遇到，一個男人興高采烈地和所有人講一個你已經聽過的笑話。大家硬著頭皮等待笑話結束，尤其是還有更不知趣的人，打斷他說，哇！大家都聽過了嘛！即便他熬過了前面的千難萬險，可是最後大家沒有笑，或者有人只勉強附和笑幾聲，那場面有多尷尬。

通常，男人喜歡講笑話給女人聽。因為一個好笑話的確可以錦上添花，然而一個差勁的笑話，卻可以徹底毀掉一個本來還算不錯的氣氛。

同理，你想要經歷這個過程，或者扮演這個尷尬角色嗎？不想的話，

第六週　行動週—把約會進行到底

要記住，逗男人笑，不是你的職責所在。就像走在街上，你不用替男人提包包一樣。

如果你們突然冷場了，不要試圖用一個冷笑話救場，因為那只會冷上加冷。

沉默沒問題，話題卡住了，也不要戀戰。

多金男：昨天晚上巴西的那一球，真過癮啊！

敗犬女：是啊……（完全不懂球，卡住……）

通常我們在談話中卡住時，多半只是剛好沒話可以接了而已。可是如果對方聊的話題我們真的不感興趣怎麼辦？

沒關係，話題卡住了，就換話題，不要戀戰。我知道有些話題你起了個頭，是希望問出一個結果，或是要告訴對方某件事，但卡住了就是卡住了，暫且丟開就不會手忙腳亂，有機會再繞回來就可以了。你看電影裡的殺手，每次忽然發現手槍裡的子彈卡住了，或者射完沒子彈了，就會改用拳腳進攻，很少堅持拿著已經沒有子彈的槍當武器去敲敵人的頭。

敗犬女：「你工作忙嗎？」

多金男：「還好，謝謝。」

敗犬女：「別客氣……」（卡住）

有些人本來防衛心就很強，或者天生個性冷漠，你再怎麼努力找話題跟他講，他就是淡淡地回答你「是哦？」、「真的嗎？」，這些都是會讓你卡住的回答。這樣的人，如果你並沒有和他戀愛的打算，那我建議你明快有禮地說清楚該說的話，說完就可以閃了。但如果是你在意的人，談話卻卡住的話，其實不必用力挽救，另開一個話題即可。如果在相聚的兩小時裡面，你有三次讓對方開心地笑，那對方應該是絕對不會記得你曾經提

過幾個無聊的話題的。（除非他偷偷按下手機的錄音鍵，回去把整場談話根據錄音整理成書面文字⋯⋯如果是這樣，其實還是換個相親的對象可能比較好⋯⋯），多談些讓人接得下去的話題。

初次約會，多金男又來了：「每次在網路上下注，只要有湖人隊，我就一定賭湖人隊贏！」

敗犬女如果也很愛看籃球賽，那當然就沒問題。可是如果敗犬女最不愛看的就是籃球賽呢？那估計接下來說什麼，就會很關鍵地決定初次約會的成敗了。

「喔。我覺得籃球最無聊了。」敗犬女說。

● 畫面浮現 Game Over

如果敗犬女不是被母親拿槍指著太陽穴去約會的話，其實她應該不會這麼急著把約會搞砸的。

倒帶，重來一次：對方不管說的是你心目中覺得多麼無聊的事，只要你願意讓談話繼續，就請你忍住，不要說出這麼句點的話來。

「我每次都賭湖人隊會贏！」多金男說。

「那你一定常常熬夜看球賽囉？」 —— 接下來就可以進一步聊他的生活作息了。

「那你都下多大的注？」 —— 接下來就可以進一步聊他的金錢觀了。

遇上對方提起了一個你完全不想接的話題，不必急著要抵抗，而是輕巧地把對方熱衷的話題，連結到一個很生活的方向就行囉！

第六週　行動週—把約會進行到底

關係冷靜日 ── 星期日

不是每一次約會都有甜蜜的回憶，也不是每一次約會都可能成為下一次的開始，如何不讓自己浪費時間，我會建議你，在約會後難以安睡的晚上，製作一張分數表，衡量你心目中的標準，讓不合格的男生們，都離你遠一點。

0 分 ── 完全不對胃口的叉燒男

你討厭他的衣著、長相、舉止，事實上你剛坐在飯桌旁就想起身離開，但是出於禮貌和教養，你忍住了。

現在終於約會散場，開門掏出鑰匙，你已經刪了他的電話號碼了。可惡的是，他怎麼想你，不知道。

● 第一時間告訴他，對不起，我們不合適。

這個週六，莉香是透過同事的介紹和對面的「叉燒男」坐在一起的。他一坐下就亮出自己的兩張房屋所有權狀，然後問莉香的父母是否有保長照險。莉香在抗拒的狀態下，回答了他幾個問題。真恨不得馬上走人，可是顧及介紹人的面子忍住了。顯然，對面的男人也在極力地控制自己，因為十五分鐘後，他終於忍不住職業病，問了第一個問題 ── 你有買什麼保險？然後，莉香忍耐了漫長的兩個小時的保險知識課程。叉燒男美其名曰 ── 我這是為了你好啊！

回家以後，莉香剛踢掉鞋子，叉燒男的電話追了過來 ── 親愛的，你睡了嗎？

莉香又為了介紹人的面子，寒暄幾句。然後次日就忍受了叉燒男無休止的「轟炸」。週一早上，莉香忍無可忍，告訴介紹人，自己沒有看上叉燒男。

介紹人當時的臉色就拉了下來：什麼？怎麼不早說？他昨天晚上剛剛請了我們全家吃飯，作為感謝呢！

莉香的故事告訴我們，說「不」要趁早。你以為顧及了別人的面子，但拖到最後，別人不領情，自己也落下埋怨。

如果你覺得他不是你的菜，回到家中馬上下決定。

感謝一下他整晚的照顧，謝謝他的晚餐，但是立即步入主題 —— 抱歉，我們不合適。

● 不要忘記介紹人

很多女友都曾經說過，很糾結如果覺得不合適，是要直接通知對方，還是告訴介紹人。答案是這樣的：如果你覺得，他雖然不適合做男友，但是人還不錯，想顧及男方的面子，不妨先告訴他，你覺得你們不合適。至於他要怎麼說，由他決定。他也許本來很中意你，但是知道你的感受之後，會主動告訴介紹人，他沒看上你，挽回一點男性尊嚴。當然，如果對方是個討厭鬼，你還是先告訴介紹人，自己對他避之不及為妙，免得他先知道了結果，說三道四，惹得自己裡外不是人。

最後，即便不成功，也別忘記感謝介紹人。不然非但多了一段不愉快的經歷，可能還會少了一個朋友。順便加一句：如果有合適的，還是要你多費心。這樣窩心的話，真的會讓好事再次降臨到你的頭上。

第六週　行動週—把約會進行到底

● 怎樣告訴他最合適

　　拒絕的話，通常都很難說出口。至於究竟該怎麼說，則需要敗犬女的聰明才智。知道他的星座最好不過，如果他是土象或火象星座，像摩羯座、金牛座、處女座，直接告訴他們結果，是他們最能接受的方式。打個電話或者在臨別的時候當面說清楚。甚至可以在吃飯結帳時用 AA 制表明態度。而對於水相或風向星座，對一向愛面子的他們則要表達得委婉一些。發簡訊或者通訊軟體留言是避免尷尬的最好方式，最好不要使用電子郵件，除非你們有仇，那可以直接發進他的工作信箱，讓他在週一一早就看到。

● 別忘記使用黑名單

　　黑名單的作用實在是好壞參半，它可以徹底地刪除一個人在你身邊的嘰嘰喳喳，但也是人際關係最無可挽回的破壞者。

　　不過，如果他在你的眼中，真的是隻蒼蠅，還死纏爛打，那麼前面幾節都忽略吧！黑名單是他最好的去處。

　　死黨 Mag 曾經透過親戚的介紹，認識了一個多金男，據說開著一輛香檳色的跑車。看起來條件真的不錯。他們在網路上聊了很久，決定見面約會。一起吃過晚餐，他就提出去海邊散散步。當時 Mag 覺得，開車到海邊好浪漫，欣然同意，結果他把車開到了海邊一個人煙稀少的地方，開始有意無意地毛手毛腳。Mag 果斷地提出回家，他也沒有翻臉，像是什麼都沒發生過。可是在那之後，他總是三不五時，在通訊軟體發一些勾手指的猥褻表情。雖然男人不再說什麼，但是那個表情、動作，讓人非常反胃。可是 Mag 總是顧慮親戚的面子和他那輛香檳色的車，心想說不定哪天對自己有幫助。可是每當登入通訊軟體總是首先收到那個猥褻的手指，

然後才能看到朋友的問候，最後終於忍不住，把那個「猥褻手指」拉進了黑名單，整個世界才清靜下來。

摒棄「蒼蠅男」的最好辦法，就是果斷地把他們與自己的生活隔離。不要手軟，電話可以設置黑名單，通訊軟體上可以封鎖。但是如果僅僅是因為你自己難以啟齒，說不出拒絕，最好還是不要使用黑名單傷害別人。至少留在通訊軟體上，多個朋友多條路，也許哪天需要對方幫忙也說不定。

60分 —— 有瑕疵，但還想多了解

你對他的評價是：還可以，還不錯，不討厭，再想想……這樣的話，說明他至少過了你的基準線。你們需要的是，再製造機會多做了解，然後再決定他應該歸為A組徹底出局，還是C組好好經營。你需要做的是——

★ **給對方留下好印象**：感謝昨天約會時他的照顧是一個淑女基本的禮貌。如果你還想進一步了解他，不妨在週日上午再次表達感謝。然後順水推舟，再多接觸。發訊息閒聊或者上網溝通都是好方式。不過切記時間不要太早，都是上班族，難得週日可以賴床，要聯絡忍到十點之後吧！

★ **多了解他**：多要一種聯絡方式。如果你有他的通訊軟體帳號，不妨去他的頁面逛逛。留言問候一下，展現女人的溫柔甜美。其實主要目的是看看朋友給他的評價、他的照片，觀察他和朋友的互動，多了解這個人。

★ **問問他的家庭住址**：如果昨天來不及，可以順便問問他的住家地址。住得不遠，晚上不妨相約一起散個步。這次約會不需要像昨天那麼隆重，一起吃飯逛街做全套，只需散散步多做了解，道個晚安各自回家。千萬別打拉鋸戰，別忘記，明天你還要通勤上班。

第六週　行動週—把約會進行到底

80 分以上 —— 天哪，他就是我的 Mr. Right

● 做女人不要太扭捏

沒必要為自己的第一次約會設定心理或感情上的底線。要是覺得他就是你的理想情人，就大方接受他誠懇的擁抱吧！告別時不要流露依依不捨的神情，熱情而禮貌地說聲「再見」，給他一個果斷卻令人回味的背影。等到下一次約會的時候，掌握主動權的那個人就是你了！

● 擱淺 2 次約會，給甜蜜感留白

你覺得他還不錯，週日則是一個消化甜蜜的時刻。沒必要兩個人立即再見面，這樣急促的安排會讓你被「愛情假象」矇蔽雙眼。就像炒菜的時候，開大火會讓菜燒焦一樣。再次見面，很容易走進乾柴烈火的地雷區。

你很喜歡他，週日正是讓你冷靜部署的好時機。回憶一下昨天的約會，把你們的關係理性化。如果他再約你，不妨告訴他，你已經約了女性朋友，既顯得你社交圈豐富且人緣好，有獨立的女性意識，還會讓他心癢癢。記住，吃不到的果子，永遠最甘甜。這麼快就被他隨傳隨到，熱情會很快消退的。

● 不見面，聊星座拉近距離

不見面不等於要徹底冷卻。聊星座最容易讓兩個有好感的人找到「你就是我尋尋覓覓的另一半蘋果」的感覺。其實，星座是一粒萬靈丹！如果你們的星座一樣，則會如同找到知音，頻頻爆發出「我也是耶！」的一見如故感；如果你們的星座迥異，則會找到「我們就是互補的那一片拼圖」的感覺；如果你們的星座是最佳組合，那麼非常有助於關係的確立，如果

是死敵也沒關係啦，可以順便聊聊他的「星座相處史」，你知道他口中的那一個「水瓶座朋友」說不定就是他的前任女友呢！

● 升級情感，睡前道個晚安

簡潔文字，比如，睡個好覺，晚安。雖然聽起來平淡無奇，卻可以巧妙地傳達思念。讓對方有不經意的驚喜：夜深人靜入睡的時候，還記得給對方一個溫柔的祝福，讓本來就患有「週日症候群」的上班族，內心也溫暖起來。切忌就此聊開，一直拖到深夜，只會讓你在週一吃盡苦頭。更不要聊曖昧的話題，那就失去了「貼心」的初衷了。

● 別著急講肉麻話

一次朋友聚會，認識了男士 A，當時感覺不錯。A 外貌穿著舉止都很得體。我們顯然都對對方有感覺。在送我回家時，他很紳士地沒有要求「上去坐坐」。我對他更加讚賞。我上樓後，很快，他的簡訊就追過來。我覺得好體貼啊！興高采烈地打開訊息，內容居然是：我愛你！我當時只有一個感覺，好失望！這個男人要麼沒腦子，沒智商；要麼太缺愛，沒情商。當時，我甚至有一種遇到了神經病的感覺……之前所有的幻想，都蕩然無存了。果然不出我所料，他後來幾天都激動得要命，簡訊如排山倒海，而我，卻已經沒有心情再追究，他究竟是太缺愛，還是太實際，還是根本不懂談情說愛。推己及人，如果一個女人，太早說肉麻的話，男人是不是也會嚇一大跳，心裡暗自盤算，這個女人如果撲過來，是不是黏上就甩不掉了！

第六週　行動週─把約會進行到底

星期一至四，平穩過渡時

星期一，工作占上風

無論什麼類型的企業，週一都是最為忙亂的時刻，別唐突地打擾他，以免給對方造成困擾。當然，也別忽略他，讓他覺得你忙起來不會顧及周遭人的感受。好方法，就在下面──

● 工作最忙時，電話勿騷擾

不管在什麼類型的公司，每天上午9點至11點是最忙碌的時候，因為要總結前一日的工作內容，對新一天的工作進行計畫安排。再者，上午是一日精神狀態最好、思考最理性、效率最高的時間，所以這段時間留給工作是最合適的。

此時，最好不要以愛情的理由來打擾你的約會對象。如果那樣做了，估計也是熱臉貼了冷屁股。「距離產生美」中的「距離」就在這「一日之晨」。身為 OL 的你，也需要利用時間，做好自己的工作，給未來一週的計畫一個好的開始。

傍晚和夜間才最適合留給「靡靡之音」的愛情。

● 用一句話郵件傳遞想念

最佳時間，下午三點。到了下午三點，他可能有時間坐下來喝杯茶、瀏覽網頁、收發一下郵件……處理一些不重要、不緊急的事情。這時，直接打電話過去也會顯得唐突，不如寫個愛心郵件，發個自製的電子賀卡，僅僅一句話，既不會占用太多時間，又可以表達自己在百忙之中，對對方的思念。

要加深感情，就需要日復一日的細心呵護。像狗皮膏藥一下黏得太緊，或是一副「愛理不理」的樣子，都不是明智之舉。張弛有度，在合適的時間送去合適的愛意，才是聰明的 OL。

星期二，壓力最大日

幾乎所有的外商公司 OL，都把週二列為「黑色星期二」，因為週末遙遙無期，壓力接踵而至，你的他也是一樣，這時候談約會，你們都會有些勉強。

● 壓力最大時，傳一個笑臉貼圖安慰

「黑色星期二」為每個 OL 的約會帶來的是沉痛的打擊，因為以那天的狀態去約會是絕對沒有心情的。那麼，壓力最大的時候，如何約會呢？現代社會帶給我們很多便利，用通訊軟體傳個笑臉，也是很簡單的。「黑色星期二」來一場網路約會。

● 為他訂購下午茶

愛情需要用心滋潤，把你的伴侶看成自己的寵物，噓寒問暖、「雪」中送炭，未嘗不是一個好方法。

下午，所有的上班族正處在一天最疲憊的時刻，用「外送」的形式送去一份下午茶，對方從心底油然而生的那種感動會連綿不絕的。他暫時放下讓其眉頭緊鎖的工作，抬起頭看著遠方，那裡浮現出你微笑的面龐。淡淡茶香飄來，「偷得浮生半日閒」，他這半日留下的盡是對你的回憶。

第六週　行動週—把約會進行到底

星期三，平穩過渡時

　　沒有了週一的緊張、週二的絕望，在週三一切工作步上正軌時，心情也稍稍放鬆下來。這個時候可以安排一個簡短的約會，重燃稍微退去的熱情。

★ **一起吃個午餐**：除非你們的工作地點天南地北，否則利用午休時間一起在路邊小店吃午餐也很不錯。沒錯，我們的午休時間很短，甚至要冒著回去遲到的危險。我們來不及擦香水，換上柔美的裙裝。但我們要的就是這種匆匆一瞥的感覺。在百忙之中，我的心裡還想著你，不但顯示出我對這段關係的認真態度，也會讓對方覺得，你是個很有情調的女人。如果你覺得，這種冒失會為對方增加麻煩，而且你的工作又不是很忙，甚至可以送便當，然後找一個和工作有關的小理由，讓這個動作不至於太諂媚。我們要的只是讓這份浪漫在繁忙的工作中顯得特別珍貴。

★ **下班後短暫的小約會**：不需要太隆重，你甚至可以穿著制服去見他。穿制服的女人也別有一番風味。甚至在制服襯托下的你，看起來更性感。

★ **不能見面，就在傍晚打個電話**：只要他的工作不是總要應酬客戶，那麼傍晚時分就是他既疲憊，又放鬆的時刻，這時候突然收到你問候的電話，他一定很感動。說說抱歉，你最近工作很忙，問問他這兩天是不是太累，要注意休息。短短的問候，既顯得你懂事大方，又不失周到。愛情的熱度也不會因為週一週二的忽略而就此降溫。

星期四，約會醞釀時

週五即將來臨，隨著工作壓力的退去，你的心裡開始蠢蠢欲動。你忐忑地期待著他的主動約會，也擔心他過於繁忙把你忘記。無論如何，今天的你需要為即將到來的約會作準備，以免週五措手不及。

● 最適合擬定約會的時間，是今天下午四點

週四，度過了一週內最黑暗的時候，曙光已經就在眼前。除非工作特別沒效率，否則今天的上班族相比之前三天，都應該鬆了一口氣，有時間憧憬一下週末的約會。把約會定在當天多少顯得欠缺誠意，也有些倉促。提前一天，我們既可以大概預知明天的忙碌狀況又可以提前作準備。下午四點，今日的工作都處理完畢，多數好事的主管也都離開，正是醞釀約會的大好時機。

● 不想加班，讓自己的工作進度超前

其實這一條應該寫在星期一，不過每個 OL 工作的性質不同，內容也不同。如果不想週五加班，本週的工作就不要拖拖拉拉。週四是最後期限，讓你解決之前三天工作留下的所有問題。早上加快速度，做一個日程表，把必須在週五之前結束的工作一一列出，每完成一個就勾掉一個。回憶以往工作曾經在週五突然出現的狀況，比如上司突然要求你產出一份報表。猜測明天可能出現的工作，不妨主動打電話詢問相關的合作人員，以免週五突然發生，毀掉你可能要赴的約會。

第六週　行動週—把約會進行到底

● 是探他，暗示你想約會的心情

　　如果一直到週四下午臨近下班，他還沒有動靜，要麼說明他本週的工作很忙，要麼就是不太會安排行程。總之你的工作提前已經做好。可以在通訊軟體上發一個笑臉，或者發一封問候的郵件暗示你想約會的心情。如果他還是沒有動靜，就等到下班以後，致電問候，藉口加班不要太晚，來打探他的日程。當然，如果你們都是性格直率的人，不妨在傍晚直接詢問他的日程計畫。

● 睡覺前，告訴他你的日程計畫

　　如果你按照之前的小提醒，喜歡給他睡前發訊息，就可以在今天的臨睡前說自己週末的計畫。當然了，最好不要說我什麼事都沒有，就等著你來約。而是說一些無關緊要的計畫，比如說，週末想吃美食。他如果有空一定會說，那好啊！我們一起去。如果他沒有明確的反應，你不妨說，週末你打算自己在家煮飯吃，問他有沒有興趣。當然了，只要他答應約會，赴約後的內容是可以改變的，至於你到底會不會煮飯，又有什麼關係呢？

● 接受他的約會，不矯情

　　很多女生在年輕時就養成了習慣，喜歡吊男生的胃口，拒絕男生的約會。坦白講，這種拒絕不太適合今時今日的敗犬女王。首先因為工作的原因，大家相聚不容易，而且這個年紀再拖拖拉拉，變數也會很多。也許你為了吊足他的胃口，這週拒絕了他的約會，下週你恰好出差，再下週他公司培訓，一來二去，你們下次再見面的時候，可能都不記得對方是誰了。所以，不建議以吊胃口為理由，拒絕心儀男士的約會，否則週末宅在家裡，誰難受誰知道。

星期五，用心理學知識妝點第二次約會

相悅定律 —— 再見到他時，表現出適度的欣喜

人際吸引的相悅定律，就是指人與人在感情上的融洽和相互喜歡，可以強化人際間的相互吸引。更簡單地說，就是喜歡引起喜歡，即情感的相悅性。決定一個人是否喜歡另一個人最強而有力的因素是，這另一個人是否喜歡他。人們都很喜歡那些能夠給自己帶來愉快的人，如果對方可以給自己帶來快樂，就會有一種力量促使自己去接近對方。

如果你們再相逢，你突破了矜持和教養的束縛，朝他笑著揮揮手，或者笑著快走幾步，表現出女人對男人的喜歡。他當然也會被這種情緒感染，對你開始熱絡，這些不經意的小動作可以迅速拉近你們之間的距離。

自己人效應 —— 讓你成為他喜歡的「自己人」

林肯說過一段頗為精彩的話：一滴蜜比一加侖膽汁能夠捕到更多的蒼蠅，人心也是如此。假如你要別人同意你的原則，就先使他相信：你是他的忠實朋友即「自己人」。用一滴蜜去贏得他的心。

所謂「自己人」，是指對方把你與他歸於同類型的人。對「自己人」所說的話更信任、更容易接受。想要成為他心中的自己人，有三個祕訣：

★ 平等：既不要覺得男人就是禮讓女人，也不要事事擺出大小姐的姿態。在工作上，即便你比他的職位高，也不需要在約會中炫耀，而是要當作平等的朋友相處。

★ 要對對方感興趣：你對他的工作生活感興趣，他才會對你投桃報李。

★ 優化你的人格特質：人的內在特質是產生持久吸引力的關鍵，而有些

第六週　行動週—把約會進行到底

個性特徵會阻礙人與人之間相互吸引，不利於「自己人效應」的產生與發展。人們通常都喜歡真誠、熱情、友好的人。

二八法則 ── 掌握約會中的亮點

任何一組東西中，最重要的只占其中一小部分，約 20%，其餘 80% 的儘管是多數，卻是次要的。就好像社會上 20% 的人占有 80% 的社會財富，工作中，20% 的客戶占據 80% 的公司收入一樣，這就是二八法則。

約會時我們的表現，也要有主次緩急。如果你吃飯走路，每個動作都費盡心思，就會給人搔首弄姿的感覺。展現自我的魅力，一兩個不經意的動作即可。如果你想表現你的細心，一兩件小事就可以給他留下深刻的印象。比如，吃飯的時候從包裡拿出自己的面紙遞給他，讓他覺得你是個細心的人。如果你想展現性感，說話的時候，不經意地撩一下耳後的頭髮。切記不要處處矯情，讓他覺得你是一個虛偽造作的女人。

古德曼定律 ── 聆聽他的小嘮叨

所謂古德曼定律的要義，就是聆聽比訴說更能贏得他人的信任。

傾聽別人說話本來就是一種禮貌，願意聽表示我們願意客觀地考慮別人的看法，這會讓說話的人覺得我們很尊重他的意見，有助於我們建立融洽的關係，並彼此接納。

約會也是這樣。即便你才華橫溢但誇誇其談的女人真的很難給別人留下心動的印象。說不定一番侃談，對方把你當成「好兄弟」，所以對於女人來說，善於使用古德曼定律，傾聽對方，會給他留下深刻的好印象。經過了一週的工作，問問他的近況，鼓勵他開口講講他的工作，發發職場的小牢騷，談談自己的興趣。慢慢地他會發現，跟你在一起可以很放鬆，自

然會想多跟你在一起。而你，也不只是聆聽，也可以從他的話語中更加了解他，衡量他究竟是不是你正在尋覓的那個人。

羅森塔爾效應 —— 讚美他，讓他成為你心目中的人這個實驗，你一定聽過。兩位美國心理學家來到一所小學，煞有介事地做了「測驗」。然後，指出班級裡三個學生是天才。八個月後，他們又來到這所學校進行複試，結果那三個學生的成績有了顯著進步。這說明，暗示具有一種力量。人的情感和觀念，會不同程度下意識地受到別人的影響。人們會成為你期望的樣子，如果在約會中，你總是誇獎對方善解人意，他就會不自覺地成為一個善解人意的人。讚美是兩個人相處的催化劑，你都能遵從職場法則，誇獎你上司那件土得要死的黃襯衫很時尚新潮，就不要吝惜讚美的話。讚美他細心、體貼、為人積極，慢慢地，他就會被你塑造成你喜歡的那個人。

留白效應 —— 給他留下回味的空間

「空白」原本是關於藝術作品審美欣賞的概念。它指的是作品留給讀者想像和再創造的空間，讀者可以憑藉自身的學養去思考。兩個人相處也是如此，第二次約會，雖然你們有了更進一步的了解，但是最好也不要一次把戲做全。眾所周知，男人是很簡單的動物，越是得不到的、神祕的，越是努力追逐。一下子把他帶到家裡，展現出你生活的全部，就失去了神祕感。所以，即便分別的時間再晚，也不要著急讓他「上去坐坐」。果斷地給他一個甜蜜的微笑，甚至一個輕吻，然後就道別。如果他意猶未盡，就留他在樓下發呆吧！

第六週　行動週─把約會進行到底

第七週
波瀾週 —— 當工作 PK 浪漫

第七週　波瀾週—當工作 PK 浪漫

當久違的愛情終於到來，沉浸在愛情中的你忘記了時空。原本一絲不苟的工作神經此時有點懈怠，一不小心，出了錯，壓力接踵而來。當工作 PK 浪漫，你該如何抉擇？

是誰吃掉了我們的戀愛時間

是誰吃掉了我們的戀愛時間？

在一家國際名牌服裝公司工作的白領 May，外貌出眾，性格隨和。當很多人問她為什麼還不戀愛結婚的時候，她竟然說沒有時間。在公司聚集的都會區，如果你做一項調查，問女員工們成為剩女的原因，80% 的剩女都會說：沒時間。到底是什麼吃掉了女上班族的機會和時間。Jimi 如是說，公司許多年輕女性，結了婚的不敢生孩子，沒結婚的連談戀愛的時間也沒有。每到下班，May 習慣性地環視一下主管和同事，看到大家都在忘我工作，也只能繼續埋頭工作。

剩女們經常在加班工作和出去戀愛之間掙扎，更多時候，剩女都會選擇工作，這也就是我們為什麼慢慢變成剩女的原因。於是，沒時間、沒機會，成為我們自甘為「剩」的藉口。其實，我們只是有點忙，忙中又帶了一些懶。我們懶得去思考，究竟讓我們加班的原因是什麼，究竟讓我們淪為「剩鬥士」的原因是什麼。

一旦工作和戀愛發生衝突，我們總是本能地恐慌。唉呀！會被「炒魷魚」吧？業績很差會很丟臉，而漸漸地忽略了屬於我們青春的每一個約會好時光。

其實，解開這種糾結很簡單。我們只需要多動一些腦筋。最為基本

的，就是當我們的加班和戀愛發生衝突的時候，我們首先要記住一句話：「我們的工作，是為了生活而服務的，如果因為工作要犧牲掉生活的幸福，不是本末倒置了嗎？」

當然，話並不是我們說得那麼簡單，如今的工作壓力就是大，競爭就是這樣殘酷，我們不可能每談一次戀愛就毀掉一份工作。那麼不妨冷靜下來，理性地分析加班和約會，在當下，哪一個更重要，比如，你最近不拚業績，就會被開除，那當然是要暫時顧全工作；而你男友過生日在等你，你卻只為了博得主管一笑，在無意義地加班，那就得不償失了。實在搞不清狀況，你甚至可以列一個表格，用工作方法，解決加班和約會的矛盾。

你真的需要加班嗎？

獨家解析「工作約會 PK 表」──有些加班不值得，小西在一家知名的會計師事務所工作了近兩年，她告訴記者：「今年前五個月，我每月最多只有一星期的時間能回家吃晚餐，其他時候都是在公司加班，每個星期也只能休息半天。」小西無奈地說。包括這家事務所在內的四家國際知名會計師事務所，被同業的人形容為「玩命的四大」。

如果你也是拚命三郎，那麼首先問自己一個問題，最近幾個月你都為什麼加班，今天你為什麼加班。

如果你在無意義的欄位打了勾，那麼很遺憾，必須警告你，你的這種無意義的加班，正在吞噬你的愛情和生活，我們給你打上一個大大的符號──不值得。也許你覺得很委屈，也許你是一個職場新人，又或者說，你根本已經習慣了這樣的加班生活。有這樣一個故事，告訴你慣性會害死人。如果你把一群列隊而行的毛毛蟲，排成一個圈，讓第一隻和最後一隻首尾相連。你猜會怎麼樣？每一隻毛毛蟲都只知道跟著別人走，沒有

一隻率先轉向另一個方向，使這環形結束。這隊毛毛蟲就像隨波逐流加班的你一樣，悶著頭，一隻跟著一隻行走，這種無意義的環形行走，最後累死了這一隊裡所有的毛毛蟲。你要做的，就是做那個率先打破這種思考慣性，從加班中走出來真正地享受生活的人。

主管望著你埋頭加班時的微微一笑，對你真的有那麼重要嗎？真的會讓你升遷加薪嗎？即便你真的升遷加薪，給你加到月薪十萬，你對著這些錢，連一起看電影的對象都沒有，豈不是和窮人沒錢看電影的結果一樣嗎？所以，從加班中走出來吧！美女們！擁抱愛情，擁抱生活！

當你一定要加班

雖然經過了前面的仔細規劃，已經砍掉你大部分的加班，但有時候，還是不可避免地要小加幾次。可是，感情正在熱戀期，放不下又怎麼辦？

每一個公司都有自己的忙季，也就是峰期，即業務最多的一個月或一段時間。當你的忙季即將到來，加班在所難免，你也會因此對他大為忽略。很多情侶剛剛熱戀的時候都是感覺很好，但是幾個月後，隨著接觸和關係的拉近，兩個人緊繃的神經放鬆下來。這時候，其中一個人因為工作原因忽略對方，很容易造成誤會，增加兩個人的矛盾，甚至在矛盾激化的時候大吵分手。

身為一個資深的 OL，你一定很清楚，自己工作的忙季何時到來。但是我們更希望你能認知到，幸福得來不易。因此我們是否唯有捨棄一個，才能保全另一個呢？

不！聰明的 OL 懂得做未雨綢繆的工作，在忙季之前多做功課就能保證你平穩度過風浪期。

想加班 —— 先給他一個甜蜜約會

這是一場目的性很強的約會，之所以製造這個隆重的約會，是要認真地告訴他，未來的幾個月，因為工作的原因，你可能會忽略他。但是不代表你不在意他。

小提醒：

★ 提前籌備這場約會。妳需要做的，是先想想約會的內容、行程，再想想自己在約會時所要說的話。

★ 約會之前，不要告訴他約會的目的。讓他帶著幾分忐忑，幾分疑問，幾分好奇。

★ 約會的服裝可以適度隆重，至少讓他看出你為他精心打扮過，表現出你對他的重視。

★ 不妨來點餐酒。酒精可以使人適度興奮，也會使人放鬆警惕，思考趨於感性。在感性的狀態下，你說什麼他都會耐心聆聽。

★ 適度地開門見山。舉杯之後，他的內心忐忑不安，他一定會追問你，這麼隆重到底要做什麼。這時候，你不妨告訴他，你做這些，僅僅是因為你要「升職、加薪，年底業績衝刺」，而在未來的日子裡，可能會忽略他。相信我，當他知道，你做了這麼多事，只是怕他在未來某天，可能有不開心的時候，他一定會感動不已的。

想加班 —— 談話技巧有講究

● 先道歉，再犯錯

這個道理很簡單。如果你想在家裡辦個派對，大半夜吵吵鬧鬧，鄰居一定先砸門，再報警。但是如果你事前去敲鄰居的門，先道歉告訴他你晚

第七週　波瀾週—當工作 PK 浪漫

上有聚會，那麼即便吵鬧一些，最後肯定不至於警察登門。次日鄰居還會說，有聚會嗎？沒有很吵啊？同樣道理。如果你把日後可能存在的狀況先行通告，那麼比臨時抱佛腳，出事後求諒解，效果好得多。

最常用的兩句話，屢試不爽，最近要加班 ——

我可能會因為工作壓力，沒有平時的耐心，請你到時候一定要原諒我。

我可能會因為工作忙，推掉你的約會。請你不要介意。我不是不在意你，是實在太忙了。

這時候對方一定會說，不會，不會，怎麼會怪你呢？我也有忙的時候啊！

● 用浪漫語言來規避衝突

如果你覺得抱歉的話很難說出口，冗長的內心告白浪費時間，又希望對方理解，不妨用浪漫的暗號做約定。在最短的時間內，實行最有效的溝通。

想加班 —— 先取得他支持

當工作太累，我們需要男友的支持。與其拖泥帶水，到處補漏洞、道歉求和賠不是、打預防針，不如直接說要求。男人和女人在請求方面，都有各自的困難。剩女在這方面的能力，尤其差強人意。女人常常誤以為，她沒必要主動向男友請求。

身為女人，她本能地知道別人的需求，而且不假思索地伸出援手，所以，她認為男人具有同樣的能力和願望。還相應地做出結論：「假如男人愛我，他就會主動幫忙，我不必開口請求。」有時候，她甚至刻意不做請

求，以此考驗男人的愛。女人認為，出色而成熟的男人，必能一眼看到她的需求，而且不等她開口，他就會二話不說、不計報酬、馬不停蹄地為她效勞。

女人顯然打錯了算盤，她的座右銘對男人不適用。在主動幫忙方面，男人缺乏天然動力。除非對方開口，他才鼎力相助。

情感關係建立之初，女人沒有得到協助，就認為男人冷漠無情，或者缺乏足夠的能力。終於有一天，她忍無可忍了，不得不開口請求。這時候，她已經怨氣叢生，她不免怨恨地控訴：「非要等我開口，他才有所反應，這多叫人洩氣，也實在是不值得！」

對於女人的怨氣，男人卻莫名其妙。女人命令的口吻、怨恨的情緒，讓男人望而卻步，從而拒絕她的請求。男人無法接受發號施令，他厭惡女人命令的口吻。一旦將「請求」變成「命令」，女人得到男人幫助的機率，就會大幅度下降。男人感覺女人是在下命令，他就不願為對方付出。

如果女人沒有請求協助，男人就會順理成章地做出推論：他的給予或付出已經足夠，完全可以滿足女人的需求。女人對此無所察覺，愈發變本加厲地請求，而男人的感情愈發疏遠，這似乎是令人棘手的情形。

● 讓男人產生動力

你要盡可能以適當、得體的方式，請求男人的協助。這對你十分重要。無法做到這一點，他就可能置之不理。下面，我要告訴你請求協助的三個祕訣，它們是：掌握時機、不下命令、簡單明瞭。下面我對此逐一分析：

★ **掌握時機**：男人正打算為你做事，你就不必提出請求，否則就是多此一舉，甚至把好事變成壞事。比如，男人正要給你送便當，你就不必

對他說：「你可不可以為我送餐來？」這會使男人覺得，你是在告訴他該做什麼。所以，掌握時機至關重要。而且，假如他注意力集中在某件事上，你就不要指望他對你的請求立刻回應。

★ **不下命令**：請求是請求，命令是命令，不可混為一談。假如請求成為「命令」或「怨恨」的代名詞，不管你的措辭如何謹慎而優美，男人都會覺得你沒有感激他。於是，他很可能會拒絕你的請求。

★ **簡單明瞭**：你不可如數家珍，以大量理由提醒男人：他為何應該幫助你？你要銘記：男人不喜歡被說教。你越是據理力爭，他就越有可能拒絕。哪怕你施展渾身解數，洋洋灑灑闡述道理，也不會有任何效果。這樣做唯一的作用只是會使男人感覺到，你對他缺乏信任，而且他覺得被你操縱，更不會主動幫助你。他的熱情之火，也由此被澆上一盆冷水。

男人不喜歡你的說教。所以，你在請求他協助的時候，要做出這樣的假定：他不需要被你說服。

女人心情不好時，不希望男人一板一眼地為她出謀劃策，或提醒她不該小題大作，杞人憂天。這會使女人的心情變得更糟。同樣的道理，男人也不願聽女人以鋪天蓋地的理由，告訴他為什麼應該履行請求。

真的要加班，那就利益最大化

不管你是否承認，女人遇見心儀的他，總是那樣難以自持。想再見他的衝動猶如海嘯，該死的主管，怎麼總是推給我這麼多的工作！不要太擔心，一週內，男人跑不了。要知道，在愛情中，男人如貓，他的好奇心使其追求愛情的新鮮感；女人如狗，她的忠誠度使其追求愛情的穩定度。即

便我們渴望婚姻，也不需要天天黏著男人。中間的過渡期，可以是一週，一週內你可以帶著新的亮點出現在你的男友面前，讓他有遐想，並且有下次再見的衝動。

其實，約會和加班，兩者一起實現並不難。一週內選出一至兩次的時間和男友約會是可實現的，沒有一家公司是一年三百六十五天都要求女員工待在公司，如果真是那樣，估計你的主管對你是有意思的，這樣你可以考慮和你的主管談場戀愛了。

只是聰明的女人加班到最後，不會忘記去討好主管。加班後，還可以和主管調侃一下說：「哎，今天我男朋友過生日，我都沒時間陪他，我真的太不體貼了。」這樣，主管還覺得欠你個人情。說話是一門藝術，會說話比踏實做事，有些時候來得更受用些。

當你真的想約會

把上司當成可以溝通的人

世界上什麼事都可以商量，首先你要把你的訴說對象當成是可溝通的，開誠布公地講出自己面臨的問題，理性地請他們分析你的解決方案，用巧妙的語言與其商量，他們一樣會為你著想。比如，如果今天的加班是可以延期的，你不能一上來就說「主管，我有約會不加班了」。而要換一種口吻「今天的工作還需要再協調，還缺少……等明天解決了……問題，這個工作就能更好地解決」等，如此主管認為你做事很嚴謹，他給你假期也有臺階下。

第七週　波瀾週─當工作 PK 浪漫

搞定上司，說話更要講技巧

　　星期五的早晨，你剛到公司就被通知週末加班。可是昨天，你剛剛和男友約好，週末一起去爬山。你記不清這是你第幾次被要求週末加班了，於是你衝進主管的辦公室 ── 對不起，主管，我已經三十歲了，到現在還沒有戀愛結婚，父母每天以「自殺」要挾，我的好友紛紛結婚生子，每次聚會我都落單。最近，我好容易找了一個還可以的男人。你現在如果要求我天天加班，我可能就又沒人要了。對不起，主管，我真的不能加班。

　　你這不是溝通，你這是辭職宣言。一樣的意思，不同的人說出來，效果就不同。

　　請假講究說話的方式。即便對方是一個老處女、老「變態」，也要對上司表示尊重，你應該承認他總有強於你的地方，或者才華超群，或是經驗豐富，所以要做到有禮貌、謙遜。但是，絕不要採取「低聲下氣」的態度。而且聰明的 OL 懂得了解上司的個性，順水推舟。

　　上司固然是主管，但他依然身為人，他有他的性格、嗜好，也有他的語言習慣，如有些人性格爽快、乾脆，有些人則沉默寡言、事事謹慎思考。要按照上司喜歡的溝通方式去說。

學會請假，拒絕加班

　　提出拒絕要主動，盡可能有提前量。不要等主管來追問你為什麼當天沒有在，主動告知是義務。說明不能加班，或者請假的細節。想要請幾天，為什麼要請假，自己手頭的工作有哪些需要同事幫忙的，都要事先或者及時說明，以免給同事帶來工作上的不便，甚至引起工作上的失誤。不要抱有僥倖心理。不少新人認為工作時臨時離開沒有人注意到，就不需要告知。事實是，公司的職位一個蘿蔔一個坑，有時候就是在離開的那段時

間，電話會來，有人會找，四處找不到人，自然會讓主管頭痛。如果被有的人看見打小報告，對整個部門或者團隊都會帶來壞影響。

帶著解決方案去找你的主管

　　舉個例子，我在外商公司工作的時候，曾經有一個下屬意外懷孕。當她來找我請假的時候，我聽到她要請足足一週的假，當時我的臉色的確有些難看。但是接下來，她開始匯報手上的工作，我發現她不但已經趕出了一週內的工作，還把可能發生的情況寫出了清單，並且指出如何找人替補她的工作，新人不知道該怎麼做的話，哪一個環節，應該向誰求助。並且提出，如果不找人暫替，哪一個客戶一個月內大概會有什麼樣的狀況，以及輕重緩急。這樣的條件下，我內心不禁暗暗佩服和欣賞女下屬的敬業，也覺得她很有誠意，欣然地准許了她的請假。

　　將心比心，我們站在對方的角度想，主管想要的無非是手下把工作做好。先替主管想想，當你推掉繁重的工作時，主管的解決方案是什麼。是找一個人替代你的位置，還是把你手中的工作分給其他人，還是把工作延遲，等你自己加班補上。

　　只要你站在主管的立場去考量，凡事都設想周到，主管也是人，自然也會通情達理。

偶爾撒個小謊也未嘗不可

　　當你真的不想加班，而且拒絕加班不會給你帶來太大的影響，可是想想主管可能的態度，還是覺得不想請假，溜之大吉。千萬不要這樣做。如果你覺得，提出不加班的請求可能被拒接，不妨偶爾說個小謊。生病嘛，不舒服是人之常情，不過要慎用在對方生日或者紀念日的大場合，因為不

能總靠說謊過日子啊！

　　請假時，使用通訊軟體或者發送電子郵件。只要情況允許，傳送通訊軟體訊息給你的主管或發電子郵件給他，而不要直接跟他說。如此避免主管追根究柢，令自己尷尬。

　　發簡訊要簡短扼要。有時你認為必須詳細說明為什麼你不能來，還要編造具體的病況。其實沒有必要，沒有人真的想知道這麼詳細。只需提及一些症狀，需要好好休息就夠了。

當他的存在，給你的工作造成影響

修改通訊軟體保密設定

　　其實，很多公司，包括一些知名的大企業，都有即時監控。

　　我曾經有一個朋友，在外商做技術支援，雖然公司內的每臺電腦都有密碼，每個人都有自己的通訊軟體密碼，但是他可以在自己的電腦上輕而易舉地調出辦公室內所有人的聊天記錄。雖然他跟我說的時候，內容不過是八卦原來哪兩個同事之間有曖昧，哪個馬屁精其實在偷偷罵主管而已，但是想到這些的時候，還是讓人不寒而慄，忍不住回憶自己說過什麼。如今的高科技環境下，每個人的電腦能力都不可小覷，雖然工作時間用通訊軟體談戀愛不算大事，但正因如此更不可因小失大，被競爭對手抓住話柄。馬上更改相關設定吧！不在公用電腦上留下記錄才是最安全的。

當他的電話，不適時響起

　　工作時間把電話調成振動，是一個非常好的習慣。可是萬一他來電來得不是時候，也不要驚慌心虛。如果你在一個不能隨意說話的場合，比如

開會，就按掉接聽鍵，再偷偷發一條簡訊，告訴對方你在開會。狀況允許的時候，大可以大方接起，告訴對方：對不起，我在開會，晚一點跟你確認。這樣回覆主管聽到你的對話，又看不出這是你的私人通話，對方也會知趣地等待，而不會一再地打來，讓你的手機變成振動器。

Sorry，姐今天，真的有點煩

太心煩就不要見面？有不少戀愛中的女人覺得，心煩的話就不要見面啦。事實上，我們的壞情緒跟洪水一樣，堆積得越多就越危險。與其圍追堵截，不如疏導。況且，日後兩個人中一有人鬧脾氣，就要分開嗎？這顯然不是處理問題的成熟方式。與其悶在家裡，不如出去約會一下放鬆心情。兩個人約會可以改善心境，又可以增加磨合的機會。只不過，心煩狀態下約會，自有一套章法，只要遵循守則，就可以成功避免「觸礁」！

約會內容要翻新

心情不爽時約會，適合選在戶外，最好兩個人一起爬爬山，去湖邊或者公園散散步。大自然的環境是天然的情緒垃圾清理場，看看天空、看看山水，哪怕看看綠樹都可以讓你迅速從惱人的瑣事、糾結的心情中解脫出來。當然，如果時間條件允許，散散步再回家也不錯。

切忌約會的內容是看電影。道理很簡單，如果一部電影吸引人還好，不吸引人的話，你坐在那裡沒別的事情可做，胡思亂想，瑣事會乘機一股腦湧上心頭。電影散場的時候，劇場的燈一亮，小心凝重的臉色一覽無遺。

第七週　波瀾週─當工作 PK 浪漫

出門前作五分鐘準備活動

經常做瑜伽的女白領們都知道，五分鐘的瑜伽冥想，威力很大。瑜伽冥想是一種對能量釋放、重組、修復、優化的綜合過程。經過冥想你的心緒會更加平和與寧靜。出門前，靜坐五分鐘，盡可能地將煩惱丟在腦後。不會冥想也沒關係，不妨哼一首歌，對著鏡子微笑拍臉，或者做五分鐘的伸展運動，都可以幫助你忘記煩惱，帶著愉快的心情去約會。

吃飯宜快不宜燥

沒有什麼比心煩的時候走進一家吵鬧的飯店更令人煩躁的事情了。服務生板著臉站在面前，兩個人翻看菜單挑來選去，覺得什麼都不想吃。上菜慢死人，說話聽不清，服務生叫不來，只會讓你的壞情緒更迅速地聚集爆發。可是飯要吃，怎麼辦？給你兩個好選擇。

- ★ **速食**：不需要挑來選去，打包帶上車，一路飆到海邊或公園，在車上慢慢吃。
- ★ **港式或者日式茶餐廳**：裡面通常不會很吵鬧，一些點心都是現成的，不會讓人等得不耐煩。更關鍵是，它們的食品清淡，可以降火氣。

既然出門就別帶怨氣

既然已經決定約會，那麼帶著你的感情就夠了，最好不要把你的工作煩惱都帶來，更不要一股腦地倒給他。我們經常忍不住抱怨工作。很多兩性類的書都說，女人不要把男人當做垃圾桶。我們不禁心生委屈，那這樣的話，要男人做什麼？在公司要裝，難道面對男人也要裝。我們當然不是讓你一路忍耐，而是讓你改變方法。真的想抱怨的話，不妨換一種說法，

比如，你原本抱怨工作多麼辛苦，突然，你口氣一轉，說他不管工作多忙，總能來赴約，是多麼感人的舉動！你抱怨做 OL 的不易，同時可以暗示：有了男人的幫助，你才順利地度過難關，這樣的小技巧一舉兩得，何苦做怨婦呢！

飯後甜點，化解你的壞心情

研究發現，當我們心情不好的時候，增加糖類的攝入，補充大腦活力，可以幫助振奮情緒，舒緩心理壓力。可口的甜食是最適合上班族心理減壓的食品。飯後用湯匙挖一小塊冰淇淋，將湯匙翻轉過來，這樣直接觸碰冰淇淋的是舌頭而不是上顎，讓冰淇淋風味直達口中上千個味蕾，先讓它們盡情「愉悅」一番。在舌頭上裹一層冰淇淋，使冰淇淋的香味充分釋放擴張，盡情享受濃郁順滑、厚實均勻的甜美味道。享用美食後，心情也會變得輕盈。另外，巧克力能增加人的喜悅和幸福感。巧克力中的色胺酸，有助合成血清素 —— 同樣能帶來狂喜的神經傳導物質；另一種成分苯乙胺更有「巧克力迷幻藥」的暱稱，嘘……據說能刺激快樂中樞，使人達到性高潮。

今天我要拒絕你

臨時有變，怎麼取消約會？

先許願未來，再推掉約會。即便今天的約會不是重要的紀念日，只是博帥哥一笑，那麼你一樣不能直白地說「有會，改天再約」。在推掉約會的時候，不要單純地說「改天」，想見你的人不禁要想「改到哪天」，而

覺得你沒什麼誠意。把改期具體化，可以體現你見對方的誠意，比如「親愛的，你今天工作也累了，週末哪有打折商品或者有某某的新電影上映，我們一起去逛（看），好嗎？」

僥倖心理要不得

突然決定加班的你對於約會的熱情沒有熄滅，所以會存在這樣的僥倖心理，也許等一下很快就忙完了呢？於是你打電話給他，讓他多等你一下。殊不知當你在「主管」和「男友」之間選擇「主管」的時候，接下來的幾個小時，你都會「身不由己」。反正你身在曹營，主管突然又把另一件事給你做，難道你可以拒絕？於是你再次打電話給他：「麻煩你再多等一個小時好不好？」殊不知，又過了好幾個小時，男人的熱情就這樣在等待中消磨掉了。更糟糕的是，你一看錶，飯店、商場都打烊了，只能讓他「白等一場」。這樣的話，你要怎麼圓場？

推掉約會要趁早

如果因為工作的突發狀況不能赴約，一定要及時通知對方取消約會。理論上，對方對你們的約會越重視，當得知不能赴約時，負面的情緒就越大。因此，通知對方的時間越早，給他帶來的負面情緒也就越少。提前一到兩天，可以給對方時間去安排其他的事情。不至於讓他已經為了週五的約會加了一週的班，最後卻得知你不能來。提前幾個小時，或許他還可以改變主意，跟同事一起去喝上幾杯。可是如果等他已經坐在餐桌上點好了菜，才接到你的爽約電話，幾次之後，就算是「好好先生」，也不會再約你了。

有矛盾你們必須談一談

當你們屢次因為工作的原因發生爭吵。吵到冷戰，或身心俱疲。而工作的壓力讓你心情煩躁，沒時間想爭吵的原因是什麼，只是不停地追問，他為什麼總是這麼差強人意？

此時，抱怨沒有用。其實，男人和女人發生爭吵，歸根究底，不是因為你不能跟他一起吃晚餐，不是因為你連他母親過生日都不去，而是你不懂感情的基本需求。

一個人感情的複雜多變，歸根究底，就是對異性的「愛情需求」，仔細閱讀下面這份清單吧！它會讓你意識到，為什麼你做出了努力，他卻說從未感受到你的愛。進一步說，假如你不知道如何更好地和異性交往，下面的清單，就是最好的指南。它可以大幅度地改善彼此的關係。

當你們因工作發生爭吵

要認知到爭吵是一件正常的事情，爭吵在一定程度上是關心和愛的表現。如果認知到這一點，我想兩個人都會心平氣和地對待已經出現的問題和矛盾，並在以後的歲月裡相互理解和體諒。

當你們因為工作發生爭吵，解決問題要從感情出發。之所以要從感情出發來解決問題，是因為我們堅信，這個世界上有無數個好工作，卻只有一個能陪你走完一生的好男人。

避免吵架的訣竅，就是以愛的姿態交流。

第七週　波瀾週—當工作 PK 浪漫

吵架帶來的是什麼？

不管你相信與否，大多數情侶之間爭論的，最初不過是一件瑣細的小事，但是不超過五分鐘，爭論的焦點就發生了轉移，變成開始指責對方的談話，讓人無法接受。

在情感關係中，溝通和交流是最積極的部分，無休止的爭吵會成為最具破壞性的因素。

隱藏真實的想法，壓抑消極的情緒，只會讓局面惡化，最終一拍兩散。吵架最終帶來的，就是傷害。只要處理得當，情侶間的矛盾和衝突，就不至於成為兩人關係的「殺手」。即便是勢不可免的爭吵，也不見得有很大的傷害性。正確的做法是：將潛在的爭吵轉化成積極的對話，正確面對差異、分歧或矛盾。

在相當多的情況下，爭吵的內容並不重要，值得注意的是表達情感的方式和手段。常見的情況是：一旦男人感受到來自女人的壓力，他會想方設法「制服」對方，以證明他的立場的正確性，不再以關心、安慰、尊重的方式進行溝通。女人應以恰當的方式釋放消極的感受，應該給男人更多的信任和接受。不然，男人就會做出不利於她的反應。譬如，他會「將錯就錯」，更加固執己見，令他的女人不明就裡。

男人當頭一棒，女人奮起反抗，一次無關緊要的談話，很快就變成一場大是大非的對抗。在情感關係中，如果男人缺乏關心和體貼，無視伴侶的感受，女人就會心酸、憤怒。她會得出結論：男人是故意與她為難，帶給她難堪的感覺。

要愛情，不要爭吵

一場吵架，至少需要兩個人參與；終止吵架，只需要一個人做出努力。停止爭吵的最好辦法，就是將它消滅於萌芽狀態。你要留神，盡量不使普通的分歧「擴大化」，演變成激烈的爭吵。不妨暫時終止對話，放鬆身心，反思對待伴侶的方式。不管談論什麼，都要充滿愛意，尊重對方的想法和感受，而不是流露出不屑或反感之態。

有矛盾要及時化解

女人要勇於承認錯誤。爭吵有時會讓年輕的情侶喪失理智，會做出不理智的抉擇，這些都是不成熟的表現。因此，在出現爭吵以後，不管是誰的問題，都需要向對方承認錯誤。在情侶的爭吵中，沒有對的一方。只有向對方認錯，才能平息相互之間的怨氣。有時在產生矛盾以後，想想以前的美好歲月，尤其是相戀的甜蜜和曾經無微不至的呵護，爭吵所產生的怨氣和埋怨都會慢慢消散。

學會動用家人朋友來解決問題

戀人之間的矛盾有時很難靠自身解決，在雙方父母都見過面之後，利用對方的父母來說服對方，可能會造成事半功倍的作用。和對方的父母詳細說明自己的錯誤，並告訴對方父母自己願意改正錯誤，珍惜這段緣分。如果對方父母對另一方很滿意，是會盡力協調的。也可以利用對方最好的朋友來進行說服。有時伴侶很難接受彼此的意見，但是，對於要好的朋友的意見往往樂意接受。

不過切記，爭吵是感情的催化劑，但也是感情的調味劑。在爭吵過程中，千萬不能失去理智，更不能傷及人格。

211

第七週　波瀾週—當工作 PK 浪漫

出差前後，我們必須做好的幾件事

　　出差意味著你們可能有一段時間見不到面，如何維持好相隔兩地時的戀愛熱度就顯得比平時重要。出差前一定要做的事，就是通知對方，盡可能見一面。最忌忙了一段時間不見人，打電話十人已在異地。你要找的是伴侶，不是鹹蛋超人，所以不需要向他證明你是個女超人。不要抱怨走得急沒時間，只要有誠意，計畫我們替你想！

出差前

● 一週內動身 —— 不妨藉機拜會他家人

　　如果你已經見過他的父母，那麼出差之前再去拜訪一次很有必要。即便你覺得出差的時間很短，沒必要勞師動眾，但是這卻是另有一層深意的。透過出差之前的契機，拜訪他的父母，自然而然地拉近你們的距離，增加你對他的了解，還會讓他的父母覺得，你識大體、眼中有長輩，他也臉上有光。你走後，他的家人對你讚不絕口，你不在的日子裡，只會讓他更惦念。你回來的時候，長輩順理成章地迎接你，一來二去，有了長輩的認可，你們的好日子就近了哦！

● 三天內動身 —— 請他來「幫你」收拾行李

　　三天時間足夠你選出一天安排約會。當面告知他你的行程，比打電話發簡訊感性得多，也顯示你對他夠重視。時間實在緊迫，覺你總會睡吧？晚餐總要吃吧？那麼就安排他來「幫你收拾行李」。重要的是，當你開門，屋內飯菜齊備（管他是外賣還是什麼），而你的箱子已經收拾好了。當他發現要你只是想見他，這樣不感動才怪。

● 當天動身 ── 飛速來一個「法式擁抱」

我們不排除有這樣的主管，會安排你當天動身，但無論如何打電話的時間總要有。既然主管安排的時間如此緊迫，出門搭計程車是一定的吧！車子經過他公司門口，不妨下車在公司門口等他。當他出來，給他一個熱烈的擁抱就轉身上車，也夠他回味好幾天。

出差時

● 人在旅途，別忘了「微」問候

就像往常出門怕父母惦念一樣，落地時發個訊息，或者撥一通電話，避免工作展開時的無暇顧及，也免得對方牽腸掛肚，百忙之中展露你的細心。

出差嘛，既不適合上網長篇大論，手機煲個電話粥也不划算。結束白天的忙碌，回到飯店洗澡之後發個簡訊傳遞問候，或者用通訊軟體寒暄兩句，都能有效地增進感情。

不要喋喋不休追問對方此時在哪裡、在做什麼等生活細節。除非你們兩個的情況都允許煲個電話粥，不然，不停地追問會顯得你對對方沒有信任感，顯得你幼稚又龜毛。

● 百忙中留心小禮物

雖然是因公出差，忙碌得沒時間選禮物，但是空手而回總是大煞風景。並非要你帶回什麼貴重禮物，但是出差帶回的小禮物顯示出你身在忙碌中，但是心裡任何時候都沒忘了他。

最好臨走前就了解他的喜好。當地的特產，尤其是食物更適合送長輩。當然打電話詢問的話，他一定會說，你回來就好了，禮物不用帶了。

第七週　波瀾週—當工作 PK 浪漫

如果你就此聽話，未免太單純了。哪怕是領帶夾這樣的小禮物，即便不合他的胃口，都會讓他心花怒放的。

出差後

★ **接受他的接風要求**：如果他提出要接你，無須扭捏拒絕。他不怕累，你也別怕他嫌棄你風塵僕僕。讓他第一時間見到你，本身就是對你們關係的一種肯定。在同事面前，秀個恩愛也正常，否則錯過見面的最佳時機，說不定他捧玫瑰花打你的電話，卻聽說你在跟主管老闆開慶功宴。恐怕會讓他更失望吧？

★ **盡量別製造小驚喜**：故意比約定日期早一天到，想給他一個小驚喜？這世間不知道有多少小驚喜最後變成大驚嚇。也許他正跟客戶忙得不可開交，也許他趁你不在把家人接來小住。總之，驚喜有時候會增加不必要的麻煩。熟女嘛！張弛有度才是魅力所在，驚喜還是交給少男少女去玩吧！

★ **安排見面要趁早**：一方面是對於他在你心中地位的肯定，一方面是情感考量。出差回來之後，不免要再次投身忙碌的工作，彌補前段時間不在的缺口。就此忙碌起來，你們的約會可能又要擱淺了。如此疊加，兩個人分隔太久，又有多少情感禁得起考驗呢？

★ **給他家人的驚喜禮物**：本來給他帶禮物無可厚非，可是突然從口袋中拿出一件專屬於他媽媽的禮物，他一定驚喜又感動吧！如果你和對方還沒有見過面，這件特殊的小禮物會很快拉近你們的距離。禮物未必貴，甚至可以僅僅是一盒特產點心。如果對方不在同一座城市，別忘記主動叫快遞送給他，這樣真誠的心加上小別勝新婚的甜蜜，這場離別馬上變成拉近你們距離的催化劑。

第八週
目的週 —— 順利度過平穩期

第八週　目的週─順利度過平穩期

　　一起走到這一步，不容易。但是，你要問自己，你了解他嗎？這個要和你過一輩子的人，他的脾氣、秉性，是否有他表現給你的那麼好？他的心思、目的，你是否已經全部了解？你真的確定了，他就是你要一起過一輩子的人嗎？別衝動，誰說戀愛的女人智商都為零，我們要做聰明的女人。在這一週裡，運用以下的方法，對他進行深入了解吧！

從他的朋友，全面了解他

　　有句諺語說：「要了解一個人，只要觀察他所交的朋友。」有句古話則說：「審其好惡，則長短可知也；觀其交遊，則其賢與不肖可察也。」

　　所謂物以類聚，人以群分。當今社會人際關係與互動越來越龐雜，但是這條放在當下依舊適用。

　　請選擇觀察他真正的朋友、熟人，同事、同學等不在此列。

　　朋友這個詞，很重。

　　人與人之間總是因情緒、興趣、嗜好、性格的相互融洽而成為朋友的，有的是志同道合，有的是臭味相投，有的以友情為重結為朋友，有的以事業為重結為朋友。近朱者赤，近墨者黑，基於這點，我們可以根據人交結的是什麼樣的朋友來檢視這個人是否為賢才。看一看與他交往的朋友品性怎樣、檔次如何，也就清楚了他的人格、品味、生活習慣等不大方便直接問出口的「資訊」。

　　交往到現在，你應該從了解他的朋友開始，深入地了解這個人，以便進一步確立你們的關係。

從打探他的朋友開始

也許你會為難地說，這個計畫比較難以實施。他的朋友圈對你來說猶如閒雲野鶴，根本沒有可能打開大門的跡象。

我們不能說，他就是怕朋友們洩露了自己的底牌，也許真的是因為疏忽或者忙碌。可如果你的他至今還沒有帶你去見他任何的朋友，而且他的朋友也沒有登場的跡象，聰明的你可以開始有意地打探一下，然後找機會和他的朋友接觸。

如何打探有絕招

● 注意觀察

觀察他的照片

除非他是超級自戀狂，壟斷了所有可以貼上照片的位置唯我獨尊，否則他的電腦資料夾，或者家裡的相簿裡肯定有他最在意的人的照片。

朋友之間照相的時候「勾肩搭背」，或者眼神裡有友情帶來的特殊神情和目光，其實很容易辨認。

最好在他的允許下，看他的這些東西，還可以跟他「探討」一下究竟誰更「玉樹臨風」，或者誰更像「蛇精臉」。這不失為戀人之間一個很好的話題。

觀察他的社群留言

大家越忙碌，情感交流就越缺乏。工作和日常瑣事，永遠打消不了人與人之間交流和互動的渴望，只可能讓人們越來越重視互動和交流的需求。

第八週 目的週—順利度過平穩期

　　傳統的書信、電話，已經被開放式的交流管道替代。妙處在於，開放式的交流管道，比如臉書、Instagram，這給你提供了一個認識他的朋友的良好的機會和管道。

　　朋友可能不會每天通電話，但是好朋友之間總會互動，比如在臉書上互相留言。你可以觀察經常在網路上和他互動的人，然後不經意問起「那個『赤腳大仙』說話好有趣哦！是你現實中的朋友嗎？」「那個『可樂』好像很關心你啊！比我還經常留言問候你呢！」這樣一來，你可以從他的回答裡，知道誰是他的朋友，如何安排見面了，還能讓他感到你對他的關心，因此對你「感激涕零」。

● 注意聆聽

聆聽他跟你說的話

　　你們在談話中，他偶爾提到跟誰誰誰一起去了哪裡，你就可以記下這個人的名字，當他再提到這個人，你就順水推舟地說 —— 哎，我發現你跟誰誰誰關係很好哦！講話總是提到他。留下一個疑問句，千萬別肯定地說，他是你最好的朋友吧！生硬的判斷會讓人心裡感到非常不爽。

　　如果真是很好的朋友，他會告訴你的，甚至跟你分享一些對方的糗事。這時，朋友的一些「蛛絲馬跡」的生活細節、嗜好，都會無聲地表現出來。

　　即便實際上他只無意間提過這個人一次，可是又有什麼關係呢？至少你的目的達到了。

聆聽他的非公事電話

　　如果他說話的表情和內容很輕鬆，甚至可以大開過分的玩笑，或者和

電話另一端的人嬉笑怒罵，那不用說，對方是他的朋友。

在他放下電話的時候，你就可以用嫉妒的口吻故意說：「哎，你平時跟我都沒有這麼多話啊！」放心，只要你不是橫眉立目，一副立刻對他展開「圍剿」的樣子，他都會告訴你，是一個朋友，然後話題就可以順理成章地開展，比如你接著說：「看你開心的樣子，這個人很有趣吧！」

其實，是不是有趣不重要啦。關鍵是他的回答。無論他說，是哦，或者說，不是。你都可以接話──有機會一起玩哦！

如果他對你是認真的話，相信他會很迫不及待地讓你見到他的老友的。

● 注意詢問

我相信你還沒有愚蠢到直接問他：哎！你沒有朋友嗎？萬一他是個內向的人，悶悶地答你一句：沒有。不但你的計畫泡湯，接下來的氣氛也會很尷尬吧！或者，可能會招致一個白眼或者一場衝突。

做人要委婉點，你可以問起，週末你去哪裡了？看看他的回答中有沒有提到跟哪個朋友出去玩。這種委婉讓他想到的第一反應就是，咦，你是不是在盤問我，是不是坦白從寬抗拒從嚴啊！

委婉，是一定要的，以下有幾個標準句式大家可以參考一下：

★ 週末無聊啊！我約了姐妹逛街，你不跟朋友出去放鬆一下嗎？
★ 這星期日有足球比賽，你要去看嗎？我們公司好多同事都和朋友一起看球去了。

如果他的家距離很遠，你也可以問他，在附近還有熟識的朋友嗎？大家都在外地，常聯絡啊！不如聚聚會？

第八週　目的週—順利度過平穩期

製造和他的朋友相處的機會

認識和了解，只是萬里長征的第一步。相隔網路或者電話，又或者聽到了對方的「傳奇故事」和「英雄事蹟」，始終不如親眼得見，仔細觀察來得準確。

還是做好準備創造機會，跟他的朋友們來一次或者更多的親密接觸吧！

● 你想和他一起赴約

朋友之間當然有交往和聚會，這段時間，是人最為放鬆和本性流露的時間。聚會不是談判，更不是相親，縱使不是完全沒有面具和偽裝，也是看穿他的面具和偽裝最好的時機。

友情提示：

一起赴約有講究，如果你是被他的兄弟們起鬨邀請的，那麼你就大大方方地赴約。不過，必須注意的是，以下情況不要去。

你提出的時候，他面有難色

如果他跟你說要和朋友出去，而且根本沒有帶你同行的意思，你大可不必馬上拉下臉來。因為男人也需要自己的社交圈，更需要自己的空間和自由。

如果你也想一起出席，不妨在他沒有提出同行的時候，問問他，可以一起去嗎？如果他面有難色或者說：「不太好吧！我打個電話問問。」請你馬上說，那就算了下次再說。

每個人都有自己的舒適圈，每個舒適圈的成員之間都有屬於他們的潛在規則。不要喋喋不休地拉著他問，為什麼不帶我去啊！你們要做什麼

啊？是不是要做什麼壞事啊？其實，有時候，男人不帶你的原因很簡單，也許僅僅是因為別人沒帶女伴，自己帶了，會被死黨嘲笑「沒斷奶或怕老婆」。所以，你也不要將問題複雜化，這樣顯得既沒見識，又小家子氣。

如果想「堅持」一下 —— 那麼請說：

1. 好吧！那我也出去了，我也有一個聚會，你玩得開心（聚會要說得模糊，有些小心眼的男人會想東想西，也許會讓你跟他一起同行，你的目的就達到了）。

2. 裝可憐也是一種選擇：哎，這個週末又要無聊地自己過了，也沒什麼新片，我還是打電話看看 XX 有沒有時間吧！（成功的可能性依然有，就算不成功，也要讓他憐惜一下你，推薦一些電影或者做些其他事吧！別小看這種對話，會讓你們的感情不斷加分哦）。

他的朋友都沒帶女伴

如果他同意帶你去了，不妨先問問：你的其他朋友也都帶女友了嗎？懂事的女友的形象，都是透過這些小事慢慢塑造的。要知道，有句話叫投桃報李。

如果他的回答是：不。那建議你不要去。

也許真實的情況是，他因為對你的寵愛，或者顧忌你的想法，勉為其難帶你去了。這種局面，你即便去了，也得不到什麼特別有用的「情報」。只有你一個女性在，你要面對的也許是他朋友們的放不開，表現和平時截然不同，或者是對你們的玩笑和揶揄，這對你要透過朋友了解他的目的沒有任何的助益。

這時候，如果你善解人意，退讓一步，他會很感謝你的。因為男人之間微妙的面子問題，女人很難懂。這時候，不妨你追加一句，下次有機會

第八週　目的週—順利度過平穩期

再一起好不好？相信我，他會記得並刻意安排一次朋友聚會，讓大家都見見你這個善解人意的女友的。

他被人臨時叫去

如果他突然被人從你的身邊叫走，理由是有個朋友找他有事。這時候建議你不要糾纏不休，更不要跟著去。男人之間有時候要說一些女人不能聽的話。

他的朋友也許失戀了、失業了，需要找兄弟傾訴，也許他想和你的男友喝兩杯。更可能遇到了什麼突發的問題需要解決。有些問題本身就不太想讓別人知道，身為女友，你在他朋友面前的角色是尷尬的。有你跟著，他一定有苦難言，做起事來也諸多顧忌，放不開。

身為好兄弟，他們之間很有默契，可以從電話裡輕易判斷出，對方需要自己做什麼。所以，如果他不帶你，你就不要讓他為難。記得，送走他的時候說一句：少喝點，如果需要我去接你們，就打我的電話，我今晚電話不關機。

要去的場合不適合

★ **游泳三溫暖**：除非他很大方地邀請你一定要去，否則游泳不是個好選擇。因為在泳池，你要面臨著素顏以及身材無法掩飾的問題。

也許他很大度，不介意別人評論女友的身材，分享你的曲線。如果你的身材太好，他有面子，但是不免有拿你炫耀的嫌疑，或者乾脆就是拿你為他加分，態度上不是很端正。

如果你身材不好，他覺得丟臉。下次再帶你出去，難免私下會被朋友非議幾句。這會讓他面子掛不住，再和朋友們有聚會，也會慎重考慮到底要不要帶你過去。

何況男人的心理很古怪，你知道他們都會說些什麼？

★ **男人主題酒吧**：那種飲啤酒看球賽的酒吧，你去了只會變成「題外話」和負擔，又稱為「累贅」。男人在那種酒吧裡需要很「男人味」的表現，絕對專注又萬分投入。

你在那邊，有礙他們放鬆。在那種情況下，他們熱血沸騰，酒吧內菸霧繚繞，你要他左手寫球、右手寫愛，這根本是個無理的要求。你要他一心二用，時時注意你的需求？他無法得到想要的宣洩，內心難免會有不滿。若是讓他完全投入，根本無法細膩地顧及你的感受。你既不愛看球，又整晚被忽略，說不定回去還會跟他大吵一架，何必自討沒趣呢！

更重要的是，你覺得，在男人熱血沸騰的主題酒吧裡，主題已經是既定的了，每個人都處於一種非常規的狀態，你還能從他們身上看出什麼來嗎？

見他朋友的最佳穿著打扮

掃平障礙，順利成行，和他的朋友們也終於要見面了。這個時候你覺得大功告成絕對是個錯誤的認知 —— 要知道，人家認識你，不見得認同你，認同你，不見得會接近你；接近你，不見得在你面前無話不談，什麼都說。

穿著打扮是人塑造形象的一個重要的步驟。歐美國家甚至有人出高價要專業人士為自己每一個出席的場合塑造不同的形象。

我們雖然無法這麼奢侈，可是在自己的形象上也是要注意的。試想一下，一個朋友聚會的閒散場合，小姐你身著灰色或者黑色套裝，一絲不苟地帶著上班的女主管髮型前往赴約。這會不會讓所有人掃興，以為聚會變

第八週　目的週—順利度過平穩期

成了辦公室來了新「女王」呢？

　　不要緊張，調整好呼吸。其實這也不是什麼難事，掌握住下面四項基本原則和六條穿著打扮的特徵，你就可以征服大多數「他的朋友」。

★ **氣味相投原則**：貴族的聚會不需要乞丐，乞丐的聚會不需要皇族。這是丹麥的一句俗語。在選擇穿著和打扮上，要以聚會和參加聚會人的穿著和喜好為基礎做準備。這有個技巧，看一下你男友在聚會時會穿成什麼樣子，選擇相近的風格是一條捷徑。

★ **避免平庸原則**：很可能他們的風格和你平時不符，對著鏡子，你會發現，怎麼看自己都這麼彆扭，讓你顯得平庸了許多。那麼你就要別出新裁地變出花樣，給自己增加一抹亮色，這樣會很快吸引對方朋友們的眼球。比如，你可以在 T 恤上塗鴉，或者哪怕別上一枚徽章。當然，使用一款色調罕見，但不太招搖的眼影等化妝技巧也是王道。

★ **暖色調原則**：冷色調是一種氣場，可惜不是所有的場合都適用。暖色調從心理學上來說，更給人一種平易近人，容易交往和溝通的感受。所以，風格款式可以從眾，但是太空銀、黑色等冷色調，還是盡量不要出場，免得大家把你當成冰山，怕你融化對你冷置處理。

★ **低調沉穩原則**：讓那些所謂的奢侈品牌休息一下。人都不喜歡太過招搖的朋友，張揚只可能破壞你和這些朋友之間的彼此印象，又或者你和他之間的感情。切記，寧願低調穩重，也絕對不要標新立異。

小技巧

★ 用一些著裝方式展示自身優勢，比如腰細、腿長，可以透過服裝來小小地突出一下。男人嘛，對於有特色的女人都會更願意多說幾句的。

★ 濃妝不要，淡抹必須。你要學會掌握火候，妝容整齊，又恰好讓人不

注意觀察看不出太多的塗抹痕跡。

太濃的妝容易讓人反感，猜測你是不是本尊慘不忍睹；濃烈的香水味會讓人避之不及；而不化妝，你是想暴露缺點給他們，還是讓他們的品頭論足，變成私下你們爭吵的導火線呢？

★ 中性化一些的裝束，可以搭配女性化一些的舉止。這不是悖論，而是中性化的裝束更容易讓男人敞開心扉，少上那麼一些顧忌。

★ 如果你實在想偷懶，那麼任何時候選擇和他以情侶裝的樣子出現都是正確的。一方面印證你們情比金堅；另一方面，當大家覺得他和你感情甚篤，言談舉止，都更放得開，你的收穫也能更多。

這麼麻煩！也許你會皺著眉頭這麼想。又不是求職，還要這樣大費周章。拜託，對於女人來說，求職和愛情是不分軒輊的兩件大事。況且如今不是說 —— 做得好不如嫁得好嗎。愛情和婚姻才是你終身的職業，克服困難，別怕麻煩，千萬不要本末倒置哦。

● 相處的分寸

相處是個複雜的問題，你離得太遠，會徒勞無功，一個不好接近的人，沒有人會願意用心去靠近你，然後敞開心胸讓你徹底地了解他的一切。太近，也是問題。恐怕你男友要眉頭深鎖，覺得你放浪形骸，甚至認為你的突飛猛進太過接近底線。

距離就像是冷凍劑和導火線 —— 要麼冷凍大家的熱情，要麼引爆你們之間的危機。

雖然你心裡清楚，自己比竇娥還冤，目的根本不是去跟他的朋友橫眉冷對千夫指，或者又發現王子臨陣換將的想法，可是人總是相信自己的眼睛和判斷 —— 拿捏好分寸，才能對你的計畫有所助益，使其順利完成。

第八週　目的週—順利度過平穩期

★ 無論什麼場合，面對他的朋友的時候，要從容自然。不要有眼神游移不定，或者經常低頭垂首做靦腆狀。這樣會讓人很快對你意興闌珊。

★ 適當地參與一些話題，甚至可以和大家開開玩笑。但盡量不要有過多的肢體接觸，或者追打、嬉鬧等失態行為。那會讓人覺得輕佻，甚至放縱。

★ 開玩笑時，黃色的內容就不要參與了，更不要參與一些關於三溫暖或者某些特種行業的討論。誰知道會不會有人對你有什麼不當的想法，小心惹麻煩上身，

★ 他的朋友熟悉你後單獨邀你出去，或者有事需要你幫助。要先告知他，最好一起同行，他實在不方便抽身的時候，你可以過去幫忙，但不要在事情完後相處太晚。如果邀請吃飯，可以推遲到等他回來再一起出席飯局。

★ 他朋友的電話可以接，但頻繁又沒有實質性內容的不要常接。不接電話，等冷卻一陣子後用簡訊詢問有什麼事情，是個不錯的推託辦法。

旅行 —— 了解他最有效最深入的方式

策劃一場小旅行

有人說，兩個人要能一起旅行，才能結婚。旅行對於希望深入交往的你們來說，意義非凡。

一個人的本性真的能在旅行中暴露無遺嗎？隨著旅行經驗的增加，我也開始對於透過旅行可以了解一個人的想法愈發贊同。旅行是有好感的男女互相了解的好機會，首先是能夠隨時相處在一起，製造了相對穩定和封

閉的環境，加起來的時長勝過幾十次約會吃飯看電影了；其次，在旅行的
過程中總會遇到種種無法預料的情形，很容易暴露一個人的性格和習慣。
無論是多麼不熟悉的人，一起待了一個星期，都會有所了解。而且，因為
旅行中會遇到很多需要當事人處理的事情，很多意外的情況，不僅可以展
示一個人面對棘手問題時候的處事風度和方法，更可以因為近距離的接
觸，而感受到雙方在共同面對一件事情的時候，是否能彼此配合。這是對
雙方很好的考驗。

　　婚姻就好比兩個人組成了一個團隊，這個團隊的戰鬥力是否強，是否
能夠實現更多目標，目標是否能夠很和諧地完成，完全取決於雙方的合
作。所以，你如果想對一個人託付終身，不妨先策劃一場旅行，看看他的
真面目。

旅行計劃期 ── 檢驗他的真實性格

● 當你提出旅行

　　A. 他不耐煩，毫無興致。忙與不忙他都不想參與。

　　B. 他推脫說：「很忙。」

　　C. 他興奮地參與。

　　D. 他不開心地說：「沒有時間。」

　　E. 他想了想說：「好啊！你想去哪裡？」

　　檢驗結果：

　　A. 要麼他不熱愛生活，要麼他吝惜錢財，要麼，他只是不想跟你去
　　　　旅行。

B. 他也許真的很忙。如果他過了一段時間，不經意問起，你想去哪裡。說明他曾經考慮過你的建議，但是迫於工作的無奈無法成行。

C. 他是一個熱愛生活，喜歡新鮮事物的人。

D. 他是一個對旅行有嚮往的人。對於不能去，工作忙感到無力和難過。

E. 他是一個在意你的人，他本身未必喜歡旅行，但是只要和你在一起，去哪裡都無所謂。

你們在選擇目的地

A. 他選在了城市的周邊，一兩天的路程。

B. 他選擇了偏遠的地方，必須跋山涉水。

C. 他選擇大都市，休閒購物。

D. 他選擇山水。

E. 他喜歡人文。

測試結果：

A. 比較隨性，骨子裡比較能隨遇而安，對生活的要求不高。

B. 喜歡挑戰自己。性格上積極上進，不服輸，有野心。

C. 生活上比較物質，喜歡追求實際的東西。

D. 喜歡山的人倔強、堅毅、要強好勝、心胸相對開闊；喜歡水的人隨性、豁達、心胸更開闊。

E. 喜歡人文的人，思想上相對守舊，對於自己偏好的文化有強烈的認同感。

● 你們在制訂出遊計畫

A. 艾米 —— 男友他親力親為，找飯店，訂機票，甚至連行李都收拾好，不需要我操一點心。我主動要求分擔，他摟著我說，捨不得讓我太操勞。

B. 菲菲 —— 男友負責制訂路線，我負責找飯店，我們各司其職。

C. 小美 —— 男友躺在床上，列出一個表格，然後一一指揮，他說找飯店，我就負責在網路上搜尋。偶爾我抱怨幾聲，他說是你找的，你再不滿意怎麼辦呢？

D. 黛西 —— 男友當著我的面，一一致電各家旅行社，詢問價格和項目，然後記錄下來對比分析。一邊抱怨價格太不透明，一邊又說旅行好麻煩。

測試結果：

A. 說明男友細心，認真，疼愛女友（至少是婚前啦），但是潛在的意識裡，有可能是打著疼愛女友的口號，想把一切都控制在自己手中。

B. 說明兩個人相處得比較理智，但是這樣理智的人，也喜歡跟你分得比較清。

C. 喜歡推脫，怕承擔責任，愛面子，又支配成癮。他有潛在的大男人主義傾向！

D. 脾氣比較浮躁，內心在意的瑣事比較多，也有些小氣的嫌疑。

第八週　目的週─順利度過平穩期

旅行籌備期 —— 從準備工作看他的思考模式

● KIKI 的旅行故事 —— 踢飛我的弱智男友

　　長途旅行前，男友就說這次要以放鬆為主，省錢為上。我為了表示體貼，也欣然同意。結果，那天一出門，男友突然拉著我狂奔。我大驚失色，問他怎麼回事。他說他記錯了時間，本來是 18：30 的航班，竟然錯看成晚上 8 點。

　　我們一路上憂心忡忡，還沒到機場，已經花掉了一千多元的計程車資。我一邊心疼花費，一邊又不好多說什麼。好在最終趕上了班機。結果，飛機中途停靠太久，我們在延誤了兩個多小時。男友居然輕描淡寫地說：「我們的飯店只保留到晚上 9 點哦！」我不得不打手機漫遊到目的地的飯店哀求，飯店櫃檯才答應，順延到 10 點。我們到目的地已經深夜 12 點了。沒有了其他交通工具，我們只好硬著頭皮再次叫計程車。男友低聲地抱怨：「早知道會半夜到，就訂白天的航班了，還可以省下一天的飯店錢，又有公車可以坐。」我當時無言以對。

　　好容易進了市區之後，計程車繞了一大段路，才到我們預定的飯店。次日拿到地圖的時候，我才看到，我們的飯店居然訂到該城市離機場最遠的位置。

　　我問男友，為什麼訂這麼遠的飯店，他居然說：「省錢啊！這個比鄰近機場的飯店的一晚上可以省下 500 元！」這才僅僅是個開頭，後面類似的事情不勝枚舉，比如上網買便宜的門票，卻要多花雙倍的價錢搭計程車去拿。團購的早餐，離飯店十萬八千里……旅行途中，我就拒絕了他的親密要求，因為我已經迫不及待想把這個小氣又無腦男踢飛很遠！

腦透視

旅行是件原本應該快樂的事情！沒人花錢出門是想找麻煩的，可是旅行也是件瑣碎的事情，很多瑣事容易把原本該有的快樂分割得支離破碎。

這種男人做事隨便，但想法也很奇怪——隨便的他們絕對不會不愛你或者對你沒感覺，還偽裝出熱戀的樣子。可是，雖然喜歡你，但他們覺得，喜歡你和認真地一起面對事情，或者經營一段美好的感情無關。只要有心、有行動，結果好壞不論，有過程就足夠了。

治療意見

★ 如果你是女王型，並且願意事事親力親為。恭喜你，你們可以平穩地走下去。如果不一腳踢開他，他會很樂意你在他的大方向下，為他做好每件瑣碎的小事情。

★ 如果你是蘿莉型，那麼你有難了。你必須抓緊機會告訴他，再這麼下去，我們會為此付出代價的。不然你們即便繼續，結局也是個「杯具」。

★ 有想法一定要開誠布公地說出來，別以臉色，或者態度想讓他自己察覺什麼，正常狀態下的他，是根本不會注意到這些的。

旅行期間 —— 從細節看他的真面目

● 小潔：旅行中最怕龜毛男友

結束了這次旅行，我發現男友真的非常讓人無言以對，出來旅行，怕冷，怕熱，怕累，天天要求住能盥洗的地方，跟這種人到郊區旅遊，不是自找苦吃嗎？一個人的本性真的能在旅遊中顯露無遺嗎？

我和他一起出去旅遊，證明我們天差地別。曾經一度自己生起了悶

氣，他太陽大了就不想外出，怕晒、怕熱之類，我說住民宿，他偏要住海邊的五星級飯店，結果住進去又沒待多久，白白浪費一堆錢。雖然這次忍過去了，不過，未來是否會再一起去旅行就難說了。

腦透視

好吧！美女，我要說，你賺到了，雖然你這個旅程很不值得懷念，甚至想直接按刪除鍵刪除。但是你至少完成了一件事情 —— 那就是你透過細節，發現了一個可能跟以前截然不同的他。

治療意見

細節決定成敗，這句話在兩個人相處的時候也是適用的。因為即便你們交往很久，但是在無論與誰的交往相處中，人都會對有所掩飾，想想看，是不是有些言談舉止，我們有些時候在父母面前也不會徹底地展現。難道你相信他能完全猶如玻璃一樣坦承在你的面前？別天真了。看看下面的提示，他符合幾條？

1. 是否隨身攜帶常用的藥物，他的提包裡有沒有你能用的防晒乳、暈車藥，以及一些開胃的小零食。
2. 飛機換票時，是否要求換成相鄰的座位。如果沒有相鄰的座位，有沒有努力地和其他乘客溝通交換過。
3. 交通工具誤點時，是表現出焦躁不安，還是不斷想辦法安撫你，並且想辦法消磨掉等待的時間。
4. 入住一家飯店，有沒有讓你先看房間，然後再確定是否入住。
5. 是否關心旅程的天氣，以便制訂和改變行程。
6. 出去品嘗美食和當地特產時，有沒有問過或者知道你的口味好惡。
7. 只一味地購買自己喜歡的紀念品，完全沒有想到你、你的朋友或者

家人。

8. 搭車時總是忘記準備零錢，要你付款。

9. 旅遊景點門票、吃飯等開銷，你發現最終他付得少，你付得多。結帳時他總會消失一陣子。

10. 玩了一天回飯店後，他總是打開熱水，第一個洗澡，然後才輪到你，連一句詢問和客氣的話都不說。

11. 玩得高興時，有沒有注意到你走路有些緩慢，或者還穿著高跟鞋。

12. 總是走完一段行程才吃飯。沒有按時進餐的想法。

13. 在遊樂場所總是玩單人的遊樂項目，短暫忘記了你的存在。

14. 不斷地把玩自己的手機、相機，根本無暇顧及你想和他分享的景緻和心情。

15. 他不斷地打電話回公司，或者是給朋友，表達自己興奮的心情，跟你說話交流卻越來越少。

16. 你說晚餐後想出去走走，他只顧在飯店看電視或者上網，連是否一起去都不願意討論。

17. 當你有改變行程的想法，很想去一個地方時，他卻說不。

18. 從來不願意在你喜歡的地方，多做一秒鐘的停留。

19. 在路上一直哀嘆，這地方沒有想像的好如何如何，毫不顧慮你的情緒。

20. 出門的時候經常向你要東西，卻連一包紙巾都吝嗇為你買。

　　20 個常常會遇到的細節，你可以在旅行的時候悄悄地打分數。如果他符合不到十項，也許會是性格使然或者因為興奮而忘記；如果在十項以上，你就要暗自思考一下，他到底愛你有幾分；如果在十五項以上，上帝，你真的應該和他好好談談了。

第八週 目的週——順利度過平穩期

旅行意外期 —— 從突發狀況看他的能力

錢包和金融卡丟失，乘車遇到路霸，晚歸時有輕浮的小流氓對著你吹口哨，又或者你在交通工具上和一些讓你無法忍耐的人發生了爭執。野外風景不錯，但草叢裡忽然竄出了一條蛇；旅行期間，你忽然中暑或者生了疾病。

我不是烏鴉嘴，也不是詛咒你一定會出問題。生活在這個地球上，總是有很多事情，會在你意料之外發生的。

可能你身邊的他準備好的一切都能應付得面面俱到，卻單單缺乏急智。這些突如其來的事情，堪稱是你考驗他的最佳考題。

● 黑場景

NO.1：主題詞：煩躁、焦慮、抱怨

總之，一切都是你的錯。哪怕是遇到地震，他也會怨聲載道地懷疑地震是因為你帶來霉運。他面對問題的時候拿不出任何有建設性的意見，一張嘴喋喋不休地企圖將問題全部推到你的身上，然後換取自己的心安和解脫。

NO.2：主題詞：沉默、尷尬、旁觀

他根本就是想看戲，或者你手忙腳亂、六神無主的樣子讓他見獵心喜，覺得你也有這天？即便我們不從最壞的角度去揣測，那麼實際上結果也好不到哪裡去。沉默、尷尬、旁觀的姿態，另外一個代名詞就是：「我沒轍。」對，你沒轍也可以安慰我一下，這樣一言不發算什麼態度。

展開一下想像，這樣一個人，今後在一起生活，難道任何事情都要指望你自己去扛嗎？

● 灰場景

主題詞：安慰、勸告、無奈

他在你耳邊化身唐僧，想方設法，拐彎抹角地安慰你，別生氣，事情已經發生了，要冷靜。世界如此美好，不要暴躁。可是明明沒有結束的事情，卻被他視為已經結束，給不出你任何的幫助。你不能否認，他對你的感情上沒有什麼虧欠，可是對於突發事件處理的能力和手段，實在算不上是一個男人吧！

以後的相處方式，是否也該重新思考一下呢？

● 紅場景

NO.1：主題詞：主動、了解、從容

金融卡丟了，他馬上報警、掛失，過程中安慰你說：即便找不到，也可以回去補辦，沒有人能領出你卡裡的錢。遇到了蛇，他會迅速用手裡的工具，或者地上的樹枝，將牠趕得遠遠的，並且讓你站在他的身後。遇到了當地的流氓，懂得先過去跟他們對話，拖延時間，以便你偷偷報警，或者尋找逃離的方法。

從容從來不只是一種姿態，而是解決難解問題，尋求機會的一種辦法。同樣，淡定也是。

NO.2：主題詞：割捨、犧牲、平安

懂得用最小的代價、能接受的損失換取平安也是一種智慧。所以，當他如此做的時候，先不要去抱怨或者埋怨他的軟弱無能。有些時候，你要多想想他為什麼這麼做也是極必要的。

見不見閨蜜要慎重

　　閨蜜之間最常聊的話題無非就是情感和男人。當你幾天不出現，閨蜜們敏感的嗅覺就會尋出苗頭，她們不但會頻繁在約會的時間「奪命連環 call」，還會調侃：「是不是天上一日，人間已千年？」在她們的狂轟濫炸之下，男友再不出面，似乎好像是在逃避「請姐妹們吃飯」的花費。再加上剩女們急於「脫單」，於是，男友就在閨蜜們的歡歡聲中閃亮登場。有的人說，見閨蜜要趁早，有閨蜜們雪亮的眼睛，可以當作照妖鏡；有人說，自己的男友不要給閨蜜見以免橫生枝節。究竟孰是孰非，本節內容裡，將為你全面拆解。

見閨蜜的時間有講究

● 見閨蜜，別趁早

　　阿慧說 ──

　　其實，我是一個不太有主見的人，凡事都喜歡問問別人的意見。所以，每次談戀愛，我都會叫三個姐妹來替我「把關」。可是每當她們說，這個男生這裡不好、那裡不好的時候，我就會有所動搖。如果哪一次，她們意見相左，我就更難抉擇了。所以，一直在隨著她們的意見猶豫不決。轉眼間，我都變剩女了，她們三個倒是嫁得很快。

　　解析 ──

　　阿慧的經歷很普遍。連筆者自己都深有體會。我有一個從小玩到大的死黨。她從十幾歲開始戀愛，就經常很幸福地把男友帶來見我。說我是她最好的姐妹。可是，每一次我都覺得，她的男友不夠好。直到她最後嫁

人，我做伴娘，對她的老公都很疏遠。原因就是，我總覺得，他是配不上她。

後來我經常跟別的朋友提起，這個閨蜜嫁給那個對象太浪費了。我其他的朋友拿著照片，問我的女友是做什麼的。大家紛紛會說，很登對啊！怎麼會浪費呢？

這時候我才反思，其實女友在人群中，屬於各種條件都很普通。事實上，當你把一個女人當做閨蜜，從你們深厚的感情出發，會覺得她完美無缺，誰都配不上她。

同理可證：如果你帶男友要去見面的女友，是你的真閨蜜，在她的心中，你完美無缺，當然也會對「他」百般挑剔。

所以，我們的結論是：閨蜜要見，但是要等到你們感情穩定的時候再見面。以免在初期，你自己也在徬徨的時候，被閨蜜的意見左右。儘管閨蜜的出發點是善意的，但是可能會讓你錯過真正適合自己的人。

● 要見面，雙方面

西圓說──

娜娜是我最好的朋友。我跟阿瑞剛剛開始戀愛的時候，娜娜就天天要求阿瑞請吃飯。當我和阿瑞準備結婚的時候，決定約娜娜出來見面，請她當伴娘，給她驚喜。那天，我和男友剛剛坐下，就得知娜娜失戀，心情很不好。於是，我一面要安慰她，一面又擔心男友被冷落。最後結婚的事，也沒說出口，害得娜娜成為最後知道的人，跟我大鬧一場。

解析──

你和男友雙方的感情狀況，即使到了可以見閨蜜的地步，也不要衝動行事。安排聚會要考慮彼此的狀況。了解一下閨蜜的近況。也許上週她還

第八週　目的週—順利度過平穩期

在對你的神祕男友千呼萬喚，但是這週，她自己失戀了痛不欲生，你還要帶男友秀恩愛嗎？這種預防甚至要實踐到臨行前，先致電過去，一旦發現閨蜜情緒不對，就改期。不然吃飯也不開心，效果也沒達到，還要男友體諒，真是事倍功半。

見閨蜜時段黑名單：

★ **閨蜜剛失戀**：閨蜜剛失戀，你就帶男友秀恩愛，什麼意思？再豁達的閨蜜，此刻也精神脆弱、情緒敏感，還是不要自討沒趣。

★ **閨蜜要離婚**：不管只是鬧一鬧，還是真的要離婚，都會讓你夠受的。男友在一旁尷尬不說，你也不好出餿主意。「毒舌」過度，說不定會嚇跑自己的男友。

★ **閨蜜剛失業**：除了和閨蜜一起咒罵主管，還要想到，閨蜜此時「猛抓救命稻草」的急切心情。說不定她會突然問你的男友一句：「哎？你是做什麼的？可不可以幫幫我？」如果你的男友有自己的公司，搞不好閨蜜會更進一步，進公司跟他每天相處八小時了。如果他說不能幫，也會落下無能的不良印象。如果他在中間牽線介紹，日後工作好與不好，他都會夾在中間。萬一落下埋怨，反而會在你們當中徒增矛盾。

見閨蜜的人選要慎重

◉ 避開和自己境遇差很多的閨蜜

Emily 說 ——

我有一個相識 22 年的閨蜜。由於初中我和她成績的差異，上了不同的學校。後來她的成績不好，高中沒讀就輟學了。從此我們的境遇迥異。

我大學畢業後，找的工作不錯，而她在老家的一間餐廳當服務生。去年，我帶未婚夫去見她。也許是當時我們言語中無意透露的經濟狀況刺激了她。她覺得，我是在「秀」。於是在部落格寫了一篇充滿惡意的日誌之後就消失了。三個月後，我的未婚夫和我解除婚約，為了她。

解析 ——

女人的敏感和嫉妒是可怕的，而且它總是在你沒察覺到的時候，就不經意地爆發。處於幸福之中的女人，感覺很遲鈍，常常忽略周圍的人嫉妒的眼神。而且，再要好的閨蜜，也有自己的感受和陰暗面。我們當然不是說閨蜜都凶猛，但是在網路上搜尋關鍵字「閨蜜」和「男友」，成千上萬的案例告訴我們，不要刺激閨蜜。不僅僅是閨蜜，人和人之間都有比較心態。每一個人都會想，憑什麼你過得比我好？所以，沉浸在幸福中的女人，要小心謹慎，不要去見和自己境遇差很多，過得比自己差很多的閨蜜。也許你覺得我太小人之心，但是這種萬一，剩女們你們賭不起。

● 避開處於人生低谷的閨蜜

美佳說 ——

我和我的大學同學 Lucy 曾經是很要好的閨蜜。畢業之後，她的工作很不錯，又認識了一個不錯的男友，男友自己開了一家小公司，收入不菲。我並不羨慕她，因為我也有一份很不錯的工作，而且還閃婚。後來，因為價值觀不合，我決定跟老公離婚，工作也丟了。Lucy 很好心地介紹我去她的男友的公司上班。從此以後，Lucy 每次都擺出一副高我一等的姿態。搞得我非常不爽，但我發現 Lucy 根本就是自鳴得意，因為她的男友根本就是渣男，我輕輕勾一下手指他就神魂顛倒的。我雖然沒看上他，但 Lucy 總是一副高姿態，我不過是讓她看清楚自己！

第八週　目的週—順利度過平穩期

解析 ——

Lucy 的遭遇就是一個最典型的反例。由於美佳是敘事者，所以我們也無從知道，Lucy 是不是真的讓美佳有了不舒服的感覺。但是有一件事可以確定，那就是每一個處於人生低谷的人，都極力想擺脫當下的狀況。即便是閨蜜，也難免會不擇手段。你再把男友推到風口浪尖，真是太徒增煩惱了。而且更可悲的是，你賠了男友又「折兵」，半點好處都沒有。

● 沒有閨蜜還不如不見

小喬說 ——

我的一個大學同學，她對我不錯，但是嘴巴很壞，總是攻擊我。女人之間的攻擊內容無非就是外貌、男友。她說我長得醜。我喜歡的人，在她眼裡就是垃圾，但是如果別人像她這樣打擊我，她又會很生氣，盡力維護我。在她的庇護下，大學裡都幾乎沒人敢欺負我。真正讓我遲疑要不要和她繼續做朋友的是她攻擊我男友，我不為所動後，她就不斷對我說，她要去勾引我的男友。我自己也知道她看不上像我男友那種不帥又沒錢的普通人，但感覺上卻很不舒服。她相信，沒有她勾引不到的男人。我很擔心。

解析 ——

這種閨蜜，之所以願意把小喬當成最好的朋友，是因為她覺得小喬不如她，喜歡在小喬身上找到優越感。要相信，她的最終目的，絕不是為了要讓小喬「更上一層樓」，而是希望借這個過程來炫耀自己。不然試試看，若哪天小喬變得更美了，事業更優秀了，換了更帥的男朋友了，她們之間的友誼馬上會變味的。

身為一個資深的職場「剩鬥士」，真正的閨蜜其實不多。別把平日裡一起逛逛街、吃吃飯的同事或熟人就當做閨蜜。有些所謂的「閨蜜」，在

一起無非是為了炫耀，而且每每用來相互比較。帶自己最親密的人去見她們，讓她們品頭論足，根本不值得，即便你的男友再優秀，口頭和物質上稍作炫耀就可以了，沒必要在這些「偽閨蜜」面前真人出鏡。

看穿男友對待閨蜜的態度

● 過於熱情型

莎莎說——

我的閨蜜到我所在的城市玩，我和男友一起接待她。自從知道閨蜜要來玩，男友就莫名的興奮。昨晚我們去吃飯，男友看見她，下了車就朝她揮手打招呼。男友平常很少這樣。我們上車，他完全沒看我一眼。

到了吃飯的地方，我問男友，喝什麼呢？閨蜜就說，想喝優酪乳。我說，不然去外面買吧！怕這裡的不夠喝又貴。男友剛要拒絕，閨蜜說，去外面買嘛，別這麼懶。男友立刻變了個笑臉，站起身出去了。他走後，閨蜜說，他有點人來瘋啊！

去景點的時候，男友一直在和閨蜜說說笑笑。閨蜜反而經常找我說話，可是，不久就被男友打斷，感覺我才是一個外人。

我想和男友合照，他不甘不願，說：「她來玩，我們拍什麼啊！」還是當著閨蜜的面說的。

他說：「我希望能有點自由，不要為了一個眼神、一句話沒做好、沒說好，你就開始不開心。」我說：「如果你的好兄弟來玩，我對他這麼親熱，總是把你擠到一邊去，你會怎麼想呢？」最後，他終於開口了：「我和你沒什麼好溝通的，不可理喻！」

第八週　目的週—順利度過平穩期

解析 ——

男友對閨蜜的熱情，其實是為了給你面子的表現。一個尊重你閨蜜的人，等同於尊重你的交友圈、你的人格和獨立性。但是過於熱情到像莎莎的男友那樣，喧賓奪主，完全不顧及莎莎的感受，則屬於另有含義。典型的看見美女就把自己女友丟在一邊不顧的男人，其實內心有些自卑，他也未必奢望和美女有什麼發展，美女也未必瞧得起他，這些都只不過是他的本能而已。如果在這樣的情況下，這種熱情竟然毫不掩飾地表現出來，說明這個男人，沒什麼自制力。如果有機會，始亂終棄的行為絕對會發生。

● 過於冷漠型

Lily 說 ——

每次閨蜜到家裡來，男友都冷漠地避開。如果我們一起吃飯邀請他來，他也從來不會參加。

解析 ——

他的心裡可能沒有完全認可你，潛意識裡他有些看不起你，所以也對你的閨蜜很冷漠。他覺得你高攀了他，所以對你、對你的世界也並不感興趣。說白了，你也許只是他的「權宜之計」，他沒想著認真接受你。只要有更好的機會，他就可能「擇優錄取」了。

● 橫加阻攔型

海欣說 ——

每次知道我約了閨蜜，他的臉就拉了下來，而且很緊張，總是要提前去接我。如果我和閨蜜們吃飯叫上他，他一定會去。吃飯的時候，他的態度很正常，跟閨蜜們也有說笑。可是聚會散場之後，他會很警惕地告訴

我，以後盡量和她們少來往。

解析——

這樣的男人有些可怕，他不希望你有自己的生活圈，希望他是你生活的全部。他怕你被閨蜜「帶壞了」，對自己沒有信心，這樣的男人結婚後，通常控制慾很強，可能還有點潛在的家庭暴力傾向。

見閨蜜後，閨蜜需要熱處理

● 禮貌性詢問

這裡的禮貌性，說的是你的心理狀態。你必須拉著閨蜜急急地詢問：「哎！怎麼樣？怎麼樣？」但事實上，閨蜜的回答僅供參考。畢竟跟他相處的人是你才對。如果你完全不問閨蜜，顯得你對閨蜜又不那麼重視，其實閨蜜根本不差你男友請的那頓飯。

● 閨蜜說壞，也不要生氣

有些事情，當局者迷，旁觀者清。戀愛中的女人智商為零，是很常見的。如果閨蜜曾經經歷過類似的男人，可能會單刀直入地說出你男友的缺點。這時候如果你覺得不爽，大可以忽略，自己日後考驗他，千萬不要破壞你和閨蜜的關係。以一個未知結果的「老公」，換掉一個直言不諱的閨蜜，你的損失也不小。

● 聽出好閨蜜的半句話

一天，A帶來自己的男友，給閨蜜B和C看。B當時的臉色有些變化。事後，B對C說，A的男友曾經在大學的時候對自己毛手毛腳，情況非常非常地過分。因為C和A走得很近，所以C提醒A要慎重考慮，再多多

了解一下，但是堅持不說 B 的事。半年後，A 請 B 和 C 吃飯，感謝那時，閨蜜既沒有說破，讓自己難堪，又提醒了自己，對方果然是個用情不專的人。

　　有些識大體的好閨蜜，也很擔心自己的意見會左右你的想法，更擔心自己看出的實情傷害到你，所以在說話的時候含含糊糊，只說半句。其實這個世界很小，在這個時候，你更要警惕閨蜜的態度，要麼繼續追問，要麼擦亮眼睛。

見閨蜜後，建立起男友和閨蜜間的第一道防線

★ 吃過飯後，也不要把你的男朋友帶入到你的閨蜜圈中去。伴侶是自己的，自己照顧就好，別讓你的好友承擔屬於你的責任。好友是自己的，自己和她相處就好。總之，分開和他們交往，別再貪圖便利將他們湊在一起，除非你想和男朋友分手！

★ 不要經常在閨蜜飯局面前誇獎你男友的好，特別是在「損友」面前。

★ 不要老在男友面前說你閨蜜的好和她的痛苦。時間久了，在你的潛移默化下你的伴侶會擔心起你的閨蜜來，這時候移情事件就很有可能發生！

★ 不要覺得你那沒有男朋友的閨蜜形單影隻，所以約會、看電影、吃飯都叫她一起當「電燈泡」，要知道形影不離的三人行是很危險的！

★ 你和她情同姐妹，也別讓你的伴侶承擔護花使者的責任！

★ 別總是讓閨蜜當你們「戰爭」中的調解人，把所有隱私都暴露在閨蜜面前，要知道個人空間和隱私是不容侵犯的。

和他的家人來場非正式晚餐

有人會說，晚餐就晚餐，何必加個非正式呢？其實，「非正式」三個字，才是這個步驟的精髓。

見家長，從來是男女感情發展過程當中必不可少的部分。它意味著三件事——他認可了你，想讓家人也見見；你會被他的家人審視，你也在審視他的家人；或者，你們已經到了馬上要確定婚姻的最後時刻。

雖然這個步驟必不可少，可是想來，足夠讓人頭皮發麻——畢竟，他即便跟你再熟悉、再親近，他的家人對你來說，也是一些陌生人。

按照傳統，如果是正式地見家長，意味著你們要開始談婚論嫁。而且正式地見家長，一些風俗和習俗又必不可少，所以非正式的晚餐是很必要的，既不那麼拘謹，大家都留有退路，又能讓你了解到他家人的性格、脾氣和對你的態度。更重要的是，從家人的性格脾氣上，你可以進一步地對他有所熟悉。

小提示

既然是非正式，就沒必要太隆重，如果他先提出這個要求，你可以欣然赴約前往，如果是你想知全家而「專」一人，那麼就可以選擇一個週末，或者假期的時間，找機會對他說，不如我們去看看你的父母？

千萬謹記─不要要求他事先跟父母知會或者敲定時間，那樣場面很容易升格為隆重。如果他願意提前通知一下的話，千萬讓他輕描淡寫一些，只是說吃個便飯，甚至說帶同事、同學回去吃個飯。輕鬆一點，更有利於這次見面。

第八週　目的週—順利度過平穩期

天時地利人和一個都不能少

★ **地點**：除非你從他的口中已經熟知他的父母、親戚都是什麼樣的口味，並且有理由相信自己的選擇他們會喜歡，否則的話，還是由對方的家長來決定吃什麼吧！千萬別擔心口味不合，對方是不會弄得太寒酸的。別忘了，你是去觀察他家人從而了解他，不是去享受美食的。

★ **著裝**：稍微家常、不拘謹，讓你看上去舒適合體的著裝最好。千萬不要戴一堆飾物和珠寶，把自己裝扮得猶如皇后出巡一樣，一副盛氣凌人的樣子。衣服也是會說話的，這樣會讓對方坐立不安，擔心兒子和你的情感發展。

★ **注意兩個關鍵字**：乾淨，略保守。不要將夜店的裝扮穿去。要知道，對於衣著，你和長輩之間永遠是有代溝的。

★ **儀容**：千萬別把化妝品都堆積在自己的臉上，更不要塗上藍色、青色的眼影。長輩對於年輕人的裝束，本來要接受就有些困難，再加上若你總是將太多化妝品塗在臉上，對方會認為你有太敗家和不檢點的嫌疑。

★ **言談**：一些網路用語儘管你平時用得很爽，這個時候千萬記得都要禁用。其他則百無禁忌，說話注意注視著對方眼睛，表示尊重。

★ **點菜**：如果要點菜，或者對方家人詢問你想吃什麼，記得千萬不要點那些你很喜歡，但吃了有礙儀容的菜品。初次見面，形象很重要啊！

非正式晚餐 ── 探底六話題

上面一切就緒，晚餐要達到給對方留下良好印象，又能探測到對方性格，進而了解男友的目的，還需要一些技巧。很多姐妹說，這個場合實在

緊張，除了問候對方好，關心身體如何外，總是處於一個被動的狀態，只能對方問而自己答。

不，這樣豈不是主動全失。下面奉送六個話題，讓你能夠抓住主動，達到目的。

★ 以長輩的興趣為話題，事先可以透過男友了解，提前做功課。談到自己的興趣，人總是會有無窮的話題，而且也比較容易投入，讓你對他的為人和性格一窺端倪。

> **小提示**
>
> 　你不需要太精通對方的嗜好，長輩總有好為人師的時候。你要虛心求教，哪怕你懂得，這會讓他們的話變得更多，對你也更有好感。
>
> 　即便恰好你懂得足夠多，也要適當地留白。讓他家人覺得你比他還要精通，第一不利於氛圍，第二會讓他們的心理變得拘謹，話就越來越少。

★ 男友是最好的主菜。如果說晚餐是份大餐，男友就是最好的主菜。你和他家人原本是沒有關聯的陌生人，完全因他才坐在一起。何況，這個時候也是窺探他一些祕密的時候。所以千萬記得，對男友要褒揚多過埋怨，有時候誠心讚美，會讓氣氛變得輕鬆，也能聽到他家人對他的評價。

第八週　目的週──順利度過平穩期

★ 自己的工作、生活和家庭 ── 好吧！不需要你全盤托出。但你必須明白，這些你即使不談，對方也會詢問的，還不如大方說出來。你也能趁談的這個時候，試探對方家人的態度，比如，對家境普通的人如何看法，對家境好的是否喜歡趨附，有沒有勢利眼之類的缺點。

★ 寵物也是個不錯的話題。長輩通常都有養寵物的習慣，對待寵物的方法，他會很得意地教給你。可是別忘記，從對待寵物上能看出人內心的柔軟程度，和對人的好壞的哦。

> **小提示**
>
> 　　無論對方養的是貓、是狗還是金魚，寵物都會有生病的時候，你簡單擔心地問問，牠們會不會生病，或者，我以前養過什麼，牠死掉了讓我很傷心。這會讓你在對方的答案裡，找出他們對寵物的態度，從而推測對人的好壞。

★ 私下和他的媽媽「抱怨」一下你們曾經的爭執，或者你接受不了他卻一直沒有改的缺點。這會讓她對你產生更親切的感覺，俗話說：「嫌貨才是買貨人。」他的媽媽也會把你的想法告訴他的，這也不失為一種另類解決問題的方法。

★ 長輩總是對自己孩子過去的事情記憶深刻，而且喜歡懷舊。這個時候，你可以趁機問一些你男友小時候的事情 —— 成長是衡量一個人的現況的判斷標準。你懂的。

第八週　目的週—順利度過平穩期

八週半
冷靜週 —— 別被勝利沖昏了頭

八週半　冷靜週—別被勝利沖昏了頭

　　我知道，你為了這一天，已經等待了多久；我也知道，為了這一天，你已經做好了多少的準備。可是當你要和一個嶄新的個體生活在一起，這種結合，是不是多少有些冒險呢？

　　好吧！他是一個帥氣的暖男，錯過了他，你可能再也沒有機會；他是一個忠厚老實的好男人，錯過了他，你可能要再等上十年；他是一個風趣浪漫的紳士，錯過了他，你要抱憾終身。可是那又怎樣？你已經為此等待了多久？或許你也不敢把真正的數字說出口，那又何必在乎多等一次，讓自己冷靜地想一想。一次失敗的婚姻，遠比做個敗犬女王更讓人痛苦。

　　如果他已經想問出那句「你願意嗎？」了，請無論如何，給自己三天的時間，查看那些曾經被你忽略的「死角」。最後檢視一下，他，是否真的是合適你的那個人。相信我，如果他不肯給你三天的時間，你又何必給他後半生呢？

第一天或許，他沒有那麼愛你

　　有人說，所有的愛情都會夾雜謊言，沒有謊言的愛情，在這個世界上也無法生存！

　　陷入愛情時，誰的智商不是零？你相信他是愛你的，你相信他不會騙你的，你相信他會照顧你一輩子的，看吧！什麼你都相信，可是事實呢？事實也許是你一直在欺騙自己。

人人都喜歡虛情假愛

　　在戀愛的過程中，沒有人想要擁有一段虛假的愛情，但不可否認，沒有幾個人那麼好命，能完完全全逃離一場虛假的愛情。虛情假愛就像一場

流感，在男男女女間此起彼落，從未消失過，甚至比現實愛情更流行。這是為什麼？可能你沒發現，因為虛情假愛都穿著迷人的外套。

★ **示愛坦率誠懇**：心理學家認為 —— 女人在內心深處都渴望被人珍愛，你主動示愛，即便不成功，這份真情溫暖也會使對方念念不忘，只要你是認真的，她絕不會嘲笑你。為了騙取感情，虛情假愛的男人都會毫無顧忌地花言巧語，這正是女人潛意識中的渴求。

★ **更浪漫和具人情味**：為了騙取感情，他們可能會「豁出去」地為女孩製造浪漫，甚至上演苦肉計也在所不惜，讓女孩們的內心感到溫暖和幸福。可是別忘了，這一切只是證明他是一個不折不扣的演技派。

★ **標新立異**：你們的愛情就像寫好了的劇本，他在劇中製造一個又一個的高潮。他經常會出些浪漫的「餿」主意，讓你意想不到。比如破費去「飯店」度過一個狂歡的聖誕之夜，或者故意製造些刺激的情節如看看恐怖影片、騎著機車帶你狂飆，只為了享受妳的溫柔依賴和驚訝的尖叫聲。

★ **撩撥女人心**：無論騙財騙色，在這場虛假的愛情中，男人對自己想要的心知肚明，他們可能已身經百戰，對女人的弱點瞭如指掌，總是能夠撩撥起女人心底的波瀾，讓對方不顧一切地投身其中，所以當女人翻然悔悟的時候總是會說，我真傻，竟然相信了你。

洞悉虛情假愛的訊號

★ **如果他被動矜持**：別相信他會聯絡不到你，手機、E-mail、通訊軟體……他可以動用眼睛、嘴巴、大腦、人際關係網、Google 找到你 —— 除非他不想找到你。

八週半　冷靜週—別被勝利沖昏了頭

★ **如果他答應你的事卻沒有做到，哪怕只是一通電話**：「忙」就是戀愛的大規模殺傷性武器。正常的男人會知道什麼叫「輕重緩急」，如果這點心意都沒有，這份愛實在讓人懷疑。

★ **你們只是兩個人在戀愛**：他還不願意帶你走進他的生活圈，說因為這只是兩個人的事。如果他用以上種種藉口解釋你們之間的曖昧，那麼請自動翻譯成「我只想用你來消磨時間」、「我不太喜歡你」。

★ **如果他不願意與你太親近**：真愛是以彼此毫無保留為基礎的，如果喜歡你就應該是喜歡你的內在和外在，難道你要一個喜歡你的人對你說「我很愛你，讓我成為你的心靈之友吧！」……如果時機成熟但他依然不想結婚。許多男人、女人、心理學家、社會學家、人類學家、女權主義者……都可以滔滔不絕地進行一場批判婚姻制度的講座，告訴你婚姻是落後的制度是古老的財務契約，可是很抱歉，首先你要搞清楚他「不想結婚」可能僅僅意味著「不想和你結婚」，那些說「不想結婚」的人最後一定會結婚的，只是不是和你。

★ **如果他突然莫名其妙地消失了**：不要花費巨大的精力來解「失蹤男人之謎」，無論你找出了各種可以安慰自己的證據和藉口。唯一的事實就是，他不再想和你在一起，並且沒有膽量和你說清楚。請相信，沒有什麼祕密 —— 他配不上你。有時候，你必須自己關門。他走了，天大的好消息 —— 你逃離了一場虛假的愛情！

★ **如果他是已婚**：沒什麼好說的，至少在他離婚之前，這份愛都是虛假的。

看準時機撕掉他的面具

當你懷疑他在對你說謊時，該怎麼辦？當面興師問罪是最蠢的方法，而如果你想識破他的謊言，不妨按兵不動，細心觀察，你會發現男人的小辮子其實是很好抓的！

★ **攻其不備**：一個人極為開心的時候，必然會忘形。如果好一段時間以來你都對他的真誠有所懷疑，先不要點破，按捺著不做任何反應，讓他失去戒心。趁對方極為開心時，你突然攻其不備地發難，保證他會馬失前蹄，一下子會意不過來，露出真面目。

★ **指天為誓**：這個方法很古老，卻也很簡單、很有效！多數人相信發假誓會有報應。當你懷疑對方說謊時，若以嬌嗔、開玩笑的口氣說：「我不信，那你發誓！」對方卻回一句「幹嘛那麼無聊？」、「我又沒做，你幹嘛叫我發誓？」等語言帶過，甚至還亂發脾氣，那恭喜你，這八成是確有其事，不然反應何必那麼激烈呢？

★ **留意小動作**：根據心理學理論，一個人說謊時常會有不自主而固定的小動作出現。在犯罪心理學的臨床研究中也發現，犯罪者在說謊時，常可觀察到一些具有固定性的小動作，諸如眼神向右前方看、摸摸鼻子、摩擦雙掌、眨眼、流汗、說話結巴等，這些小動作因人而異，但是只要經過長期而細微的觀察，必定知道他何時在說謊。

★ **言多必失**：說謊會成為一種習慣，有些人就已經養成這種以謊圓謊的習慣，只不過，除非他是個天生的大騙子，不然，一個謊容易掩飾，可能一輩子都無人知道，可是說了十個謊、百個謊、千個謊，連對方都會搞不清楚自己說過些什麼。你只要隨便「抽查」一件他說過的

八週半　冷靜週—別被勝利沖昏了頭

事，保證他會露出馬腳，只不過，在探話時，要有點技巧，別讓他產生戒心！

★ **問他的朋友**：當一個男人決定開始欺騙你的感情的時候，經常會用很多根本不存在的藉口來敷衍你，而且十之八九都跟他的朋友有關！說謊，一定會含有「虛構」的五大要件：人、事、時、地、物，而只要有「人」這個要件存在，就有線索可以追查。下一次當他再讓你懷疑時，謊話一出，立即詢問構成這個謊言的當事人，十之八九他們都還來不及「串供」的；另外，平時與對方的朋友多聯絡感情，才會有線索告知你對方所言是否屬實，所以，聰明的女人，現在就開始拉攏「戰友」吧！

虛情假愛雷達區

如果不想到最後一刻才左右為難，其實你可以在愛情的一開始就有所甄別。如果你和他是在以下情況下偶然相遇，並擦出火花，或許你們的愛情，開花結果的指數，在一開始就不夠高。

★ **酒吧豔遇**：心理學家指出，昏暗的燈光容易讓人喪失判斷力，最利於戀愛。因為戀愛本身就是盲目的，所以如果你也只是為了獵豔，那麼正合你心意。如果你想尋找真愛，這實在不是個好選擇。

★ **她的伴侶**：她可能是你的閨蜜、你的同學、你的姐姐，或者隨便的某個女人，總之，他已經名草有主。愛情雖然是自由的，但是絕對不是隨便的，這樣一段危險的關係，一開始就缺少了真誠的指數。

★ **網路情人**：真的沒什麼可說的了，如果你今時今日還相信任何網路情人，那麼即便你墜入愛的深淵萬劫不復，我們也只能祝福你。

★ **愛情替代品**：這是最讓人痛心的一種類型，他愛時感人至深，不愛時懊悔得肝腸寸斷，他對你既有愛憐又內疚。如果你也是真的愛他，為了彼此，都不要淌這渾水，就算是放愛一條生路了。

★ **軟飯男**：男人也不會相信，女人毫無所圖地去愛一個有身分有地位有金錢的男人。反之亦然，我保證他對你百依百順，不顧及任何人的眼光，但是一轉眼，他成熟了，他遇到了真愛，他一臉委屈地說：相信我，我只是迫不得已，我們之間根本沒有感情。而慘被拋棄的禍端，從你愛上「軟飯男」的第一天就已經埋下了。

★ **流行愛情**：愛情就是一門與時俱進的社會科學，最近的流行是：頂客族、AA 制、閃婚、假日夫妻等，但是就像真正的科學一樣，未經時間證明的都是不可靠的，真愛是無所保留且不受控制的。在數千年的文明史中，大部分非主流婚姻都是不可靠的，難道你願意為了一時的興趣，讓自己成為警惕別人的犧牲品嗎？

買東西可以退貨，受了騙可以賠償，可是上了愛情的當，你能怎麼樣呢？沒有人為你的愛情維權，沒有人為你的愛情買保險，更沒有人為你的愛情「打假」……假如都這樣下去，那麼世界上真實的愛情也許會蕩然無存。

第二天婚姻前戲，調查你的「準未婚夫」

當我們想把自己託付給一個男人時，是不是應該好好查一查他的「案底」？

把男女間的愛情戲變成一場偵查與反偵查的諜戰，似乎不夠浪漫，但你卻必須不動聲色地這樣做。因為女人的一生，要對自己的幸福負責。我們無法要求別人對我們的人生負責，卻可以自己擔起這個重任。

八週半 冷靜週—別被勝利沖昏了頭

幸福也要科學化

曾經陌生的男人，在成為親人前，你必須全面地進行了解。即使在同一辦公室、一起長大的同學，大家曾經有各自的人生，你又怎能篤定對他的一切瞭如指掌？如今的女人，不再需要男人來為自己負責任，而主動承擔起這個責任的方法，就是要積極行動，抓大放小，掌握那些「生死攸關」的背景資料，對自己的人生負責。

婚前調查是為婚姻本身著想，在互相選擇的過程中，對另一方進行一定程度的調查確有必要，尤其現在社會又這麼複雜。婚前你所做的情況調查，是你應有的知情權，也是為自己幸福負責的必要手段。

婚前調查是法律所不及的，因為男女朋友在結婚前只是戀愛關係，感情問題不受法律保護，全憑個人判斷。在可與不可之間，婚前調查不屬於黑道，也不屬於白道，私家偵探從灰色地帶低調登場。

近來，安琪的情緒正在經歷大起大落。短短三個月她的感情卻經歷了天堂和地獄。先是一次旅行中，偶遇了一位海外留學歸國的單身新貴，兩人情投意合，迅速墜入愛河。巧的是，「新貴」回國創業，住高級社區，開賓士跑車，這樣的多金男，打著燈籠也不容易找，偏偏讓安琪撿到了。更讓她心花怒放的是，新貴竟然帶著美鑽向她求婚了。

安琪成為了豪門太太。可是卻沒有像灰姑娘一樣從此開始幸福的生活。婚後安琪才發現，丈夫身上有太多她從前沒有注意過的細節。酗酒成性不說，還常常對安琪家暴。要不是在一次家庭聚會上，丈夫的一位遠房親戚說溜了嘴，安琪還一直不知道，自己的丈夫本來在國外是結過婚的，而離婚的原因，就是因為酗酒和家庭暴力。

得知了這一切，安琪感覺頭暈目眩。經過思考，她果斷地向丈夫提出了離婚，但誰知丈夫馬上狂性大發，對她一頓拳腳相向之後，還把她禁錮

起來。後來還是在親戚的幫助下，安琪才被解救出來。這一場原本讓人羨慕的婚姻，就這樣在一片欷歔聲中收場了。

安琪的例子固然比較極端，但對於女人來說，婚後驚愕地發現老公欠債累累、生氣後就砸東西、與某個女人地下情多年、身患隱疾……這些都不是能輕易解決的事情。愛情需要包容，但總有個限度，如果說調查的範圍是他有幾個前女友、是否有過婚姻、薪水的每一塊錢都花在了哪裡，與祕書打情罵俏的內容……似乎有點過分了，但誰也不願意那個即將和自己一起走進婚姻殿堂的男人有著刻意隱瞞的「硬傷」。

未婚夫，你一定要了解的事

經濟狀況，包括負債狀況。這個世界上打腫臉充胖子的人比比皆是，結婚之後你才發現，跑車是借的，豪宅是租的，銀行存款是負的。你是背負著愛慕虛榮的惡名憤然出走，還是默默忍受，怪自己當初瞎了眼？

健康情況，包括心理疾病。婚姻是一種承諾沒錯，要彼此照顧，無論健康與否。可是如果這疾病不是婚後「後天」形成的，而是他「先天」帶來的，你是委屈地遵守承諾，還是背信棄義地離開？這都不是你的錯，錯只在，婚前你沒問，他沒說。

婚史，是否有子女。你單身嗎？他回答是的，但潛臺詞有可能是，我剛離了婚，所以我單身。你有孩子嗎？他回答沒有，但潛臺詞可能是，孩子歸他母親，所以我沒有孩子。所以，即便是他親口回答，也不能證明就是真的。

是否對某事上癮。可以看出你的未婚夫是否是一個有責任心的人，因為對某事上癮或者缺乏自制能力的人，往往在婚姻中缺乏責任感。同時又會對自己的行為充滿內疚對你苦苦哀求，所以要是真嫁給了這樣的男人，

八週半　冷靜週—別被勝利沖昏了頭

你也會像上了癮一樣難以自拔，所以還是避而遠之為妙。

是否同時有其他情人。這是個必須調查的原則問題，俗話說：一切不以結婚為目的的談戀愛都是耍流氓，未婚夫雖然不跟你耍流氓，但並不能保證他不跟別人耍流氓。

人際關係口碑。這是男人的另一面，也是很重要的一面，所以女人在結婚前一定要分清楚，好人不一定是好男人，好男人也不一定就是好人。從多方面了解一下你的未婚夫，總不會有壞處的。

家庭及成長背景。家庭和成長的背景能讓你穿越時空，看到未婚夫的過去和未來。一輩子很長，如果你不想和他的愛情猶如曇花一現，還是要提前進行了解哦。

危險未婚夫的八個徵兆

1. 經常說話前後矛盾。不是在撒謊，就是有事要隱瞞。遇到這種情況，你已經不需要聽他解釋，因為他的解釋，很可能是在掩蓋另一個謊言。

2. 缺乏長期知交的人際關係。這至少說明他的性格孤僻，不好相處。要知道相愛容易相處難，時間久了你也未必受得了啊！

3. 與家人關係不睦。愛情是有時效期的，一旦過了保存期限，維持婚姻的其實更多的是親情，但是從他對家人的態度中，你是不是也能感覺得到一絲悲涼呢？

4. 在學校、公司期間行為不良。這些不良記錄或許未必和你們的感情有多少關聯，但是卻和他的品行有很大關係，也必然會成為共同生活的隱患。

5. 工作穩定度不夠。這或許表示，他沒有足夠的耐心去做一件事情，

可能是他還不能熟練地去處理職場問題，也可能是他一直覺得自己委屈地懷才不遇。但是不管是哪種，或許他的心智都沒有成熟到適合結婚的地步。

6. 有酗酒、吸毒跡象。這個可不是那麼輕易就能改變的哦，而且會像一顆定時炸彈，隨時爆炸。

7. .易生氣、衝動、與他人發生衝突。這類男人，在中醫上講是肝火旺盛；從心理上講，恐怕就是有暴力傾向了，而且很可能演變成家庭暴力哦。

8. 在金錢方面讓你憂心忡忡。我們提倡生活中得精打細算，勤儉持家，可是這絕對不等同於錙銖必較。

有些問題你自己能處理

● 被男友發現了自己在調查他，怎麼替自己打圓場？

別提心，這件事的侮辱意味沒有那麼強，你只要搶在他發飆之前表示自己非常沒有安全感，以及流露出愛他愛得有點失去理智的那種想法，男人雖然會生氣，但一想到這一切都是因為愛他，通常也會釋懷了。

● 調查中發現了問題，應該馬上去質問嗎？

質問他無非會出現兩種結果：一個清白的男人會因此生氣並痛恨你對他的不信任，一個有問題的男人大抵會給你很多理由來解釋。當然，你質問還是因為需要一個合理的解釋，給他一記當頭棒喝，並不是要真的分手吧？否則，只需要把證據擺在他面前，然後瀟灑地和他說拜拜。

● **調查中發現他的確說了謊，但不是原則性問題，該如何對待？**

那就裝不知道吧！有些事情對男人來說，比顯而易見的問題還讓他們尷尬，人總是要面子的。如果對方突然說出，你小學時候尿過褲子，大學差點被二一，想想自己惱羞成怒的樣子吧！

● **怎樣才不算調查過度？戀愛中隱私權的界限在哪裡？**

基本上，有調查就會過度。如果是原則性的問題，影響到你未來生活的安全就不算過度，如果你是出於好奇心去深究一些細節或與你關係不大的事情，那就有點過分了。其實，所謂的調查過度就是把婚前調查的習慣帶到了婚後，發現任何蛛絲馬跡就試圖採取偵查的方式獲得真相。

第三天婚前心理諮詢 ── 那些婚前你應該知道的事

如果，關於地震預測的科學難題可以攻破，我們能阻止多少讓人扼腕的妻離子散。

大自然的玩笑，我們的脆弱和無知難以招架。但自然之外，許多措手不及你完全有能力改變。

經統計顯示，因婚前未做健檢，婚後發現對方患有某種疾病，導致婚姻失敗的比例明顯上升。

不得不承認，結婚雖然美好，但一些「殘酷」的事實恐怕是婚前不得不先揭露的真相，總好過事後一個晴天霹靂，連後悔都措手不及。

懂得未雨綢繆是女性的智慧。隨著戀愛低齡化、離婚率上升、婚外情等現象增多，她們人人自危，不僅不放過婚前的健康檢查，甚至連心理上的婚前檢查都不放過。

給我們的愛情來次婚姻規畫

● 什麼是「婚前心理諮詢」？

正規的「婚前心理諮詢」是心理諮詢機構的一個服務項目，通常包括量表測試和心理諮詢師分析兩個環節。透過一些測試可以得出兩個人性格的基本類型，心理諮詢師再對雙方的家庭背景、成長經歷等因素進行分析得到綜合評價，即可從專業水準考量兩個人步入婚姻可能遇到的問題，並提出建設性意見。

在西方一些國家，婚前心理諮詢幾乎與婚前健康檢查一樣，是結婚之前男女雙方必須要面對的一項檢查。它不僅測試兩人的個性是否適合，同時也要測試兩人性格是否成熟到可以支撐一個家庭。他們甚至認為，心理健檢比生理健檢更有必要。

1. 婚前心理諮詢不是普通的測試遊戲

如今網路上出現很多「山寨版」的測試題，比如下面這道題就流傳甚廣：如果你參加一個吃番茄比賽，你認為怎麼吃會獲勝？按這道題目所給的答案，如果你選擇了「糖拌番茄」，你的戀人可能當場就會拂袖而去，因為答案是「婚後偷情率200％」。

而專業的婚前心理諮詢與這完全不同，它關注更多的可能是：「你覺得你的另一半哪一點你最忍受不了？」、「你喜歡他身邊的朋友嗎？」，因此正式的婚前心理諮詢結果相對比較客觀和科學。

所以，好奇的你切不可心血來潮地去網路上隨便找測試題來做，小心不準確的測試結果毀掉你的幸福。

2. 你需要專業人士的分析和指導

婚前心理諮詢的測試結果只是一方面，更為重要的是專業心理諮詢師的分析和指導。他們透過測試結果，可以經過專業的分析使雙方對彼此性格有個整體的了解，從而避免一些不應發生的衝突和誤解。

所以，對於測試的結果，要建立在專業分析的基礎上去理解，不要自行盲目地主觀判斷和猜想，因斷章取義而引爆感情危機並不明智！

DIY 自己的婚前心理健康檢查

如果你沒有專業人士的指導，本書會幫你出謀劃策！雖不能面面俱到，但下面這些，是你婚前絕對不能忽視的「重磅檢查」！

● 婚前你應該知道的事（一）

★ 他對 AA 制的看法。你可以嘗試提出吃飯時各自買單，若他坦然接受，說明他也可能想要跟你 AA 婚後的家庭支出，從水電到生活開支、撫養子女、贍養父母等。

★ 結婚前，你一定要找機會讓他為你花一大筆錢。所謂一大筆錢，不是足夠使他破產，而是多過他平日裡捨得為自己花費的五至十倍。請暫時忘掉節儉是美德，一個戀愛時過分節儉的男人，往往只是認為不值得為你付出金錢以及其他任何東西。

★ 當錢不夠用，他首先想到的是多賺錢還是削減開支？這個問題有助於定義他是一支「開拓性潛力股」，還是一支「保守型藍籌股」。兩種選擇都不錯，但對於物慾旺盛的女性來說，潛力股將來更有助於滿足你的需求。

例子：關於「心血管」脆弱的神經男

有一段時間，娜娜的男友忽然得了「世界末日恐懼症」，連班都不想上，臉書不斷轉貼相關文章，一下子打電話告訴她核輻射量已經到達危險值，一下子又簡訊通知她近幾年會有大規模地震。時間久了，娜娜被他折磨得也開始疑神疑鬼了。

籌備婚禮期間，藍莉有機會頻繁接觸未來老公的同事與朋友，發現他與他們在一起時，憤世嫉俗，滿嘴髒話，與他走得最近的朋友，不是失業就是準備失業。藍莉對結婚開始猶豫，她發現自己其實並不完全了解他。

工作壓力大、生活節奏快，心血管疾病已經成為威脅人類健康的主要殺手。與不堪一擊的心臟相比，不堪一擊的神經同樣屬於「心血管」。男人的憂鬱、弱小、孩子氣、小心眼會在這個時候被生活無限放大。

● 婚前你應該知道的事（二）

★ 他的朋友是什麼樣的人。朋友就是我們的鏡子，如果你與他總是獨處，在一起無非是打情罵俏，卿卿我我，那麼你所了解到的他，只是他的五分之一。

★ 他如何看待壓力與挫折。如果他總是感覺壓力巨大，只能說明他抗壓能力差；如果他總抱怨懷才不遇，只能說明他情商低；如果他總說自己很忙，只能說明他不善於管理時間。每個人在生活中遭遇的問題，其實都是自己本身的問題，每一個 Loser 都習慣於將罪責推到他人身上，今後婚姻生活出現問題，他一定只會責怪你不夠愛他或脾氣太差。

八週半　冷靜週─別被勝利沖昏了頭

例子：關於雙人床

結婚前，小琪知道男友的性能力很普通，但她想自己要求也不算強烈，旗鼓相當倒也相得益彰。讓她沒料到的是，婚後，丈夫衰退的速度遠遠大於自己的想像，更要命的是，她的慾望卻一年比一年強烈，更似春日綻放的花朵。

● 婚前你應該知道的事（三）

★ 目前性功能普通的男性，結婚後可能以加速度衰退；目前性功能普通的女性，至少四十歲之前，性功能與慾望是逐年成長的。性愛的重要性不僅不會隨著兩人走入婚姻而終結，而是變得更加重要。即使現在，你對無性婚姻沒意見，但它將來也可能成為毀滅兩人關係的原子彈。

★ 即使你真的決定將貞操當作最好的嫁妝，也需要一兩個經驗豐富的女友，讓她們從外形與直覺上鑑定一下男朋友的床上能力。

★ 婚姻是一個熱情逐漸消耗的過程。你必須清楚知道，如果你們之間不做愛，還可以做什麼。「能夠一起做什麼」應該是保障婚姻品質的重要問題，值得兩人共同思考。

● 婚前你還可以試著這樣做

和你的他旅遊一次 ── 盡量不選擇一切都已為你預定、安排好的旅行團，自助遊行最好。一定要讓人很累，還要有產生錯誤的機會，比如東西忘了帶，比如迷路了。這樣，你就可以觀察一下，在爬了四個多小時的山路之後，在體力不支的情況下，你的伴侶是個什麼表情；在走錯了路迷失了方向後，你們會不會彼此責備；在最艱辛的時候你們對彼此是個什麼態度。

到對方父母家生活兩天 —— 看看他的家裡是如何生活的，看看他的父母是如何相處的，遇到問題時，他們家是怎麼解決的。他的家庭是他離家求學或工作前天天所處的環境，對他有著潛移默化的影響。你在以後和他的共同生活中，他非常有可能就是按照在他家生活的那些習慣來過日子的。你能接受他家的這個環境嗎？

借個孩子來照顧幾天 —— 如果你的親戚朋友有事外出，孩子需要人幫忙照顧，若你和你的男朋友將來有要生小孩的打算，可以借這個機會幫忙帶一下孩子，看看你們分別是怎麼和這個孩子相處的。

● 結婚前這些問題你問了嗎？

再來看看美國的婚姻專家列出的婚前必問的十五個問題，教你如何技術性地排除婚姻中的隱患。

1. 我們要不要孩子？如果要，主要由誰負責照顧？
2. 我們的賺錢能力及目標是什麼？消費觀及儲蓄觀會不會發生衝突？
3. 我們的家庭如何維持？由誰來掌握可能出現的風險？
4. 我們有沒有詳盡地了解過雙方的疾病史？包括精神上的。
5. 我們父母的態度有沒有達到我們的預期？會不會給予足夠的祝福？
   如果沒有，我們如何面對？
6. 我們有沒有自然、坦誠地說出自己的性需求、關於性的偏好及恐懼？
7. 臥室裡能放電視機嗎？
8. 我們真的能傾聽對方訴說，並平等待對方的想法和抱怨嗎？
9. 我們清晰地了解對方的精神需求和信仰嗎？我們討論過孩子將來的教育模式和信仰問題嗎？
10. 我們喜歡並尊重對方的朋友嗎？

八週半 冷靜週—別被勝利沖昏了頭

11. 我們能不能尊重對方的父母？我們有沒有考慮到父母可能會干涉我們的關係？
12. 我們彼此的家族最讓你煩心的事情是什麼？
13. 我們永遠不會因為婚姻放棄的東西是什麼？
14. 如果我們當中的一人需要離開其家鄉陪另一個人到外地工作，你做得到嗎？
15. 我們是不是充滿信心能面對任何挑戰使婚姻一直往前走？

解讀：

看第 6 條和第 11 條，性的問題多做少說，或者只做不說，是東方人的傳統。50％的離婚是性的問題導致的。分手時說性格不合，多半還是「性」事不合。千萬別以為拿了結婚證書，就會有助於性生活和諧。

特別想說的還有第 11 條，我們有沒有考慮到父母會干涉我們的關係？近幾年離婚率居高不下，最有趣的現象是很多年輕人是由父母陪著來辦離婚的。如果父母有餘力，喜歡什麼事都管，而兒女又缺乏真正的獨立精神，那兩個人的婚姻就會變成兩個家庭的事情。

這 15 條歸結起來，其實就是一條，你必須是真正意義上的成年人，有獨立精神、有擔當、有抗壓力，如果你還沒有這些，結婚的事還是先放一邊吧！

你不能忽略的注意事項

由於一個人的性格往往有不同樣貌，加之戀愛中的人往往具有一定的「非理性」，所以無論是進行正規的婚前心理諮詢，還是只憑你「DIY 心理健康檢查」時的觀察，其中都有可能會帶有主觀傾向性，與實際情況就可能存在一定的出入。

即使婚前性格上的差異比較明顯，婚後在夫妻生活中仍然可以逐漸調節。「婚前心理諮詢」的真正意義在於，在婚前了解彼此的習慣，從而在以後的婚姻生活中能夠揚長避短，減少矛盾和摩擦。當然，如果經過重重「檢查」後認定你的另一半根本無可救藥，果斷放手也許是一種聰明的選擇。

未雨綢繆從來就不是一件壞事。當你們經過了婚前心理諮詢，在一定程度上認為雙方都能接納彼此，對未來的長期生活都有了足夠的心理準備，再去簽「人生合約」或許有了更足的底氣和信心。

時光可以讓青蛙吻公主，也可以讓天使化惡魔，所以任何在「愛情」本身之外的考核都不該是最後的判決書。我們相信真愛的力量可以排除萬難，化腐朽為神奇 —— 任何時候，「愛」都是我們不變的主題。

非注定單身：

3公尺尋覓法則 ×5種荷爾蒙補充法，8週半的戀愛療程，幫你解開所有愛情關係中的疑難雜症！

編　　著：鄭怡妃，吳雅楠

發 行 人：黃振庭

出 版 者：崧燁文化事業有限公司

發 行 者：崧燁文化事業有限公司

E-mail：sonbookservice@gmail.com

粉 絲 頁：https://www.facebook.com/
　　　　　sonbookss/

網　　址：https://sonbook.net/

地　　址：台北市中正區重慶南路一段六十一號八
　　　　　樓815室

Rm. 815, 8F., No.61, Sec. 1, Chongqing S. Rd.,
Zhongzheng Dist., Taipei City 100, Taiwan

電　　話：(02)2370-3310

傳　　真：(02)2388-1990

印　　刷：京峯彩色印刷有限公司（京峰數位）

律師顧問：廣華律師事務所 張珮琦律師

定　　價：375元

發行日期：2023年03月第一版

◎本書以POD印製

國家圖書館出版品預行編目資料

非注定單身：3公尺尋覓法則 ×5
種荷爾蒙補充法，8週半的戀愛療
程，幫你解開所有愛情關係中的疑
難雜症！/ 鄭怡妃，吳雅楠編著.--
第一版 . -- 臺北市：崧燁文化事業
有限公司 , 2023.03
面；　公分
POD版
ISBN 978-626-357-219-5(平裝)
1.CST: 自 我 肯 定 2.CST: 戀 愛
3.CST: 女性
177.2　　112002583

電子書購買

臉書